中国古代意象理论研究

怀 著

河南人民出版社

图书在版编目(CIP)数据

中国古代意象理论研究 / 王成怀著. — 郑州 : 河南人民出版社, 2023. 4
ISBN 978-7-215-13189-7

Ⅰ. ①中… Ⅱ. ①王… Ⅲ. ①表象学-理论研究-中国-古代 Ⅳ. ①B089

中国国家版本馆 CIP 数据核字(2023)第 049094 号

河南人民出版社 出版发行
(地址:郑州市郑东新区祥盛街 27 号　邮政编码:450016　电话:65788065)
新华书店经销　　河南新华印刷集团有限公司印刷
开本　710 毫米×1000 毫米　1/16　印张　12.5
字数　145 千字
2023 年 4 月第 1 版　　2023 年 4 月第 1 次印刷

定价: 52.00 元

篇头寄语

“昔我往矣，杨柳依依。”这是《诗经·采薇》中的两句诗。原意是说，往昔我离开家乡，辞别亲人，外出服役的时候，正值杨柳披拂的季节。那细长的柳枝在春风中纷披轻荡，缠绵牵系，恰似我心中难舍难分、依依惜别的情意。后来文人们就把“杨柳依依”这种自然现象人格化，用来表达离别时的种种复杂而细腻的情感，久沿成习。“杨柳”这一植物名称就被赋予了离别的寓意。正所谓“长安陌上无穷树，唯有垂杨管别离”（唐刘禹锡《杨柳枝词》）。把情感物象化、把物象情感化的艺术手法所创造出的种种艺术形象，因其中包含着不同的情意，物象本身在特定的艺术语境中，已不再被视为原来的物象，而成为艺术家用来表达某种情感的艺术符号，比如“梅”用来象征高洁，“菊”用来象征闲淡，等等。用禅宗的话来说，就是“山不是山，水不是水”，而成为“别构一种灵奇”（方士庶语）的新艺术境界。这种营构出的新艺术境界，被称为意象。得鱼兔而忘筌蹄，得意而忘言，是了悟艺术妙谛的法门，对于意象的诠释和领悟，也许能使你在“妙处难与君说”的“妙悟”中，登岸舍筏，到达艺术的彼岸。

目　录

引言

意象是一个诗歌批评术语，从古人的用例来看，尽管用法不一，但都是着眼于意和象两个方面来使用的。概括起来，意指内容（情、志），象为载体（景、物），意融于象，意内象外，熔铸默契。在特定的艺术空间内，经过艺术家的审美观照、意匠经营，生成不同于原来物色名声的新的艺术形象谓之意象。由于意象的产生是经过审美思维所创造的融入了主体意趣的艺术形象，故又可称为审美意象，属于美学范畴。象征是意象的本质属性。黑格尔说："世界上一切民族最古老的艺术几乎都是象征。"（《美学》第二卷）我国远古时代的龙凤图腾、仰韶时期的人面鱼纹彩陶，以及殷商时期青铜纹饰，等等，说明人类早期确实存在一个意象思维模式下的象征艺术时代。王弼《周易略例・明象》中说："触类可为其象，合意可为其征。"意思是说，接触相类事物，掌握规律之后，就可以建立卦象，推知其他同类事物。义理相合，就可以用卦象来加以象征。质言之，只要在类的属性上相同或相似，就可以用卦象来象征其意义。例如，天行健，马行亦健，故天和马可归入"乾卦"一类。象征作为文学艺术的表现手法，最早莫过于《诗》《骚》。王逸《楚辞章句・离骚经序》曰："《离骚》之文，依《诗》取兴，引类譬谕，故善鸟香草以配忠贞，恶禽臭物以比谗佞，灵修美人以媲于君，宓妃佚女以譬贤臣，虬龙鸾凤以托君子，飘风云霓以为小人。”应当说这是我国“香草美人”意象的滥觞。早在汉代王充的《论衡·乱龙》中就提出了“立意于象”的命题，这是我国迄今最早从象征意义上提出的意象理论。用象表意，变抽象为具象，化虚为实，变物理世界为意象世界，创形象以为象征，“于天地之外，别构一种灵奇”（方士庶《天慵庵随笔》），这是意象概念的美学属性。朱光潜先生说：“凡是文艺都是根据现实世界而铸成的另一超现实的意象世界。”（见《论美》）因此，意象在构思过程中，往往可以突破语言的局限，超越逻辑思维的桎梏，“泯端倪而离形象，绝议论而穷思维”，“言语道断，思维路绝”（叶燮《原诗》），把旨趣寄托于客观物象之中，托物寓意，使人“遇之于默会意象之表，而理与事无不灿然于前者也”（叶燮《原诗》）。经过审美主体的联想、含玩，赋予情感以形式，给死物以生命，把宇宙人生难以言论、难以实指、难以形求的情感，表达得淋漓尽致，即所谓“作者得于心，览者会其意”（薛雪《一瓢诗话》），“读者各以其情而自得”（王夫之语），使作品含蓄蕴藉，余味曲包，产生味外之味、形上之神、淡远之韵。故而意象这一概念又被延展至除诗歌之外的绘画、书法、音乐、雕塑、建筑、小说、戏剧等艺术门类，成为一个普适性很强的工具性概念。

目前，关于意象之界说十分混乱，美国学者布拉姆斯认为“意象是现代文学批评中最常见，也是最含糊的术语”（引自《简明外国文学词典》）。乐黛云、叶朗、倪培耕主编的《世界诗学大辞典》中也指出“意象这个术语在东西方都陷于极端混乱的状况”，并认为意象一词“模糊而难以定义”。意象是中国传统美学中一个核心概念，也是探索艺术规律的表述性概念。童庆炳先生把意象称为“象征性文学的理想（灵魂）”（见《中国古代文论的现代阐释》），可见在对艺术美的研究中，“意象”是一个极其重要的美学范畴，也是建构具有中华民族特色的美学体系链条中不可或缺的一环。

中国文论，尤其是古代文论，它不像西方那样具有严密的逻辑性和系统性，大多为随笔随感、札记体文字，散见于交谈、书信、序跋、笔记、眉批、笺注等形式中。其精品妙点，虽零散细碎，片言只语，不作长论，然亦多见精义。无论是直觉式的批评、点悟式的断语，抑或形象化的比喻，都能精语破的，启人悟入。例如古代诗话、词话、札记之类的文论典籍，很多都是就某一首诗词，或某诗词的一二名句作点悟式的评点。例如《诗经・关雎》，今人多认为是描写爱情的作品，而《毛诗序》则认为是吟咏"后妃之德"，《鲁诗》又认为是"美刺康王"，"康王德缺于房，大臣刺晏，故诗作"。这无疑是从"风，风也，教也"的诗教功能角度来评诗的。然而孔子又从诗歌的审美感受层次上来认识，他的评说是"乐而不淫，哀而不伤"。这和孔子的"中和之美"审美观是一致的。由此看来，"诗无达诂"，见仁见智，洵为的论。又如柳宗元的《渔翁》：

渔翁夜傍西岩宿，晚汲清湘燃楚竹。
烟销日出不见人，欸乃一声山水绿。
回看天际下中流，岩上无心云相逐。

这首诗是写诗人永贞革新失败后，虽屡遭贬谪，却洁身自守，傲岸不屈；虽凄清矜寂，却活得潇洒悠然。苏轼曰："诗以奇趣为宗，反常合道为趣。熟味此诗有奇趣，然其尾两句，虽不必亦可"（《全宋文》卷一九四二）。殊不知坡翁这后一句的不经意评点，却引起一场长达数百年的诗界公案。唐代诗人张继《枫桥夜泊》：

月落乌啼霜满天，江枫渔火对愁眠。
姑苏城外寒山寺，夜半钟声到客船。

这首诗是写羁旅愁思的，诗中流露出一丝淡淡的落寞情怀。宋代诗人欧阳修看了后评点说："句则佳矣，其如三更不是打钟时。"(《六一诗话》)清代王士禛则说："大抵古人诗画，只取兴会神到，若刻舟缘木求之，失其指矣。"(《池北偶谈》)清代胡应麟说："张继'夜半钟声到客船'，谈者纷纷，皆为昔人愚弄。诗流借景立言，唯在声律之调，兴象之合，区区事实，彼岂暇计？无论夜半是非，即钟声闻否，未可知也。"(《诗薮》)欧阳修虽为一代诗宗，其"三更打钟"之论，不免落于俗手，王、胡之言却入诗家三昧。杜牧《江南春》诗中第一句"千里莺啼绿映红"就曾遭到明代杨慎的批评，他在《升庵诗话》中说："'千里莺啼'，谁人听得？'千里绿映红'，谁人见得？若作'十里'，则莺啼绿红之景，村郭楼台，僧寺酒旗，皆在其中矣。"此种"计里鼓"式的冬烘之论，无疑是用逻辑思维代替形象思维，无可与之言诗。所以何文焕在《历代诗话·考索》中反驳道："即作十里，亦未必尽听得著，看得见。题云'江南春'，江南方广千里，千里之中，莺啼而绿映焉。水村山郭，无处无酒旗，四百八十寺，楼台多在烟雨中也。此诗之意既广，不得专指一处，故总而命曰'江南春'……"以上我们不惮其烦地列举了古人对几首诗歌所作的评点，意在说明我国古代文论除"体大思精"的《文心雕龙》外，多为札记式的随想，零散而不成体系，缺乏逻辑的严密性和论述的系统性。

前面我们曾提到苏轼"反常合道为趣"的命题，虽然属于诗论，然亦合于绘画。众所周知王维有一帧《袁安卧雪图》，因画中"雪里芭蕉失于寒暑"，曾遭人诟病。明代谢肇淛在《文海披沙》中就说："作画如作诗文，少不检点，便有纰缪。如王摩诘雪中芭蕉，虽闽、广有之，然右丞关中极寒之地，岂容有此焉？……皆为识者指摘，终为白玉之瑕。”沈括《梦溪笔谈》则说：“王维画物多不问四时，如画花往往以桃、杏、芙蓉、莲花同画一景。予家所藏摩诘画《袁安卧雪图》有雪中芭蕉，此乃得心应手，意到便成，故造理入神，迥得天意，此难可与俗人论也。”并说：“书画之妙，当以神会，难可以形器求也。世之观画者，多能指摘其间形象、位置、彩色瑕疵而已，至于奥理冥造者，罕见其人。”宋惠洪《冷斋夜话》说：“王维作画雪中芭蕉，法眼观之，知其神情寄寓于物，俗论则讥以为不知寒暑。”今人朱自清、程千帆等人也都持肯定态度，认为此画“雪中芭蕉”意在象征袁安的高洁品格，至于冬季是否会有芭蕉，则不必计较。

欧阳修有一首《盘车图》诗曰：“古画画意不画形，梅诗咏物无隐情。忘形得意知者寡，不若见诗如见画。”意思是说，绘画重在“画意”，而不必拘执于形似，只有“忘形得意”才是一个真正的“识画”者。雪里画有芭蕉，虽属“反常”，然而却“合道”，唯此才能显示出袁安的精神风貌，此正王维绘画写意的笔墨情趣之所在。其他诸如古代画论中记载的以墨竹、朱竹代替绿竹的论述也是意在说明“古画画意不画形”，不斤斤于对象的“似与不似”。正如元代画竹名家倪瓒在给好友张以中所画的《疏竹图》上题道：“以中每爱余画竹。余之竹，聊以写胸中逸气耳，岂复较其似与非，叶之繁与疏，枝之斜与直哉？”（《跋画竹》）关于“朱竹”，明代莫是龙说：“朱竹起自东坡。试院时兴到无墨，遂用朱笔，意所独造，便成物理。盖五采同施，竹本非墨，今墨可带青，则朱亦可代青矣。”（《莫廷韩集》）诗人陈与义说：“意足不求颜色似。”（《宣和画谱》）苏轼诗曰：“论画以形似，见与儿童邻。”均说明画家的艺术使命是造景抒情，绘形写心，最终达到以形写神、形神兼备的最高境界。

中国古代文论中这种以评点、随笔为特点的评论形式,不仅表现在诗、画方面,而且在小说、戏剧等艺术领域也是如此。最突出的莫过于《脂砚斋重评石头记》。在脂砚斋对《红楼梦》的批语中,或回前回后,或眉首行间,均可检觅到这类评点文字。如《红楼梦》(甲戌本)第一回的朱笔眉批是:

> 事则实事,然亦叙得有间架,有曲折,有顺逆,有映带,有隐有见,有正有闰,以至草蛇灰线、空谷传声、一击两鸣、明修栈道、暗度陈仓、云龙雾雨、两山对峙、烘云托月、背面傅粉、千皴万染诸奇。

这是对《红楼梦》故事庞杂、情节多样、交互错综的多种事件同时发展的艺术手法的归纳。正如刘熙载《艺概》所说:"草蛇灰线,生龙活虎,两般能事,当以一手兼也。"戚蓼生也看到曹雪芹这一"一手多兼,一笔多用"的结构布局特色,他在《石头记序》中说:"两歌而不分乎喉鼻,二牍而无区乎左右。一声也而两歌,一手也而两牍。"正因为如此,才使得全书纷杂的情节彼此相连,脉络贯通,头绪繁杂而不乱,事件真实而自然。又如《红楼梦》第四十八回,香菱读了王维的诗集后,对黛玉谈读诗的体会时说:

> 在我看来,诗的好处,有口里说不出来的意思,想去却是逼真的;有似乎无理的,想去竟是有理有情的。……我看他《塞上》一首,内一联云:"大漠孤烟直,长河落日圆。"想来烟如何直?日自然是圆的。这"直"字似无理,"圆"字似太俗。合上书一想,倒

像是见了这景的。若说再找两个字换这两个，竟再找不出两个字来。

这段话实际上是曹雪芹通过香菱之口道出了他对诗歌艺术的审美体验。脂砚斋在《红楼梦》（庚辰本）第十九回批语中也有与此同一机杼的文字：

按此书中写一宝玉，其宝玉之为人，是我辈于书中见而知有此人，实未目曾亲睹者。又写宝玉之发言，每每令人不解；宝玉之生性，件件令人可笑；不独于世上亲见这样的人不曾，即阅今古所有之小说传奇中，亦未见这样的文字。……其囫囵不解之中实可解，可能之中又说不出理路。合目思之，却如真见一宝玉，真闻此言者，移之第二人万不可，亦不成文字矣。

“脂批”旨在说明艺术真实高于生活真实，逻辑思维不能代替形象思维。唯曹雪芹谈的是艺术意境，而脂砚斋讲的则是艺术典型。

清代蒙古族文艺理论家哈斯宝著有《新译红楼梦》一书，其内容观点虽未能逾越历史限制的鸿沟，然其艺术见地却别有洞天。例如该书第三十八回回批中就薛宝钗这一人物形象做了如下评点：

全书那许多人写起来都容易，唯独宝钗写起来最难。因而读此书，看那许多人的故事都容易，唯独看宝钗的故事最难。大体上，写那许多人都用直笔，好的真好，坏的真坏。只有宝钗，不是那样写的。乍看全好，再看就好坏参半，又再看好处不及坏处多，反复看去，全是坏。压根儿没有什么好。一再反复，看出她全坏,一无好处,这不容易。但我又说,看出全好的宝钗全坏还算容易,把全坏的宝钗写的全好便最难。

《闲情偶寄》一书,是清人李渔精心构撰的一部寄情之作,书中表现了作者极高的艺术造诣和审美情趣。其中“词曲”部分详细介绍了他在戏曲创作中的经验之谈,虽属管窥锥指,然也不乏慧眼独到的艺术见解。例如他在戏剧的结构方式上提出了“一人一事”的结构原则。他说:

一本戏中有无数人名,究竟俱属陪宾,原其初心,止为一人而设;即此一人之身,自始至终,离合悲欢,中具无限情由,无穷关目,究竟俱属衍文,原其初心,又止为一事而设;此一人一事,即作传奇之主脑也。

我们说,一个主人公,一个中心事件,这种一线到底的结构方式,戏剧冲突容易集中,动作容易统一,然而并非唯一的戏剧结构方式,甚至连他自己写的剧本《蜃中楼》就是将柳毅传书、张羽煮海两个传说故事合编而成的,这种“二人二事”合而为一的结构方式,就违背了李渔自己所提出的“一人一事”原则。

以上我们从文学艺术的诸多门类举例说明了中国古代文论在形式方面的一些特点,虽然三言两语数十百字,然而却能要言不烦、言简意赅,袁行霈先生曾以诗歌为例说明了中国古代文论的这一特点。他说:

中国古代对诗歌艺术的把握,不重细密的分析,而重总体的品鉴。把握的方式是直观的、印象的、顿悟的……以三言两语说出自己的感受,如同朋友间对床夜语,只求心灵的启迪,而无意于逻辑的实证,注重直观的感受,而不注重建立理论体系。(引自《中国诗歌艺术研究》)

应当说,袁先生的这一见解,是深切肯綮的。难怪清代文论家叶燮不无感慨地说:"历来之评诗者,杂而无章,纷而不一,诗道之不能长振于古今者,其以是故欤?"(《原诗》)此论虽由诗而发,然亦通于其他艺术形式。

中国古代文论的另一个特点就是概念的模糊性。其概念的难以确指、不可解析、难以言说的特质非常突出。犹如"镜花水月",只知其美,却说不出所以为美;只可体味,不可指述,可以含玩,难以实指。要靠欣赏者意会默想,耽玩参悟才能领略个中三昧。正如袁行霈先生所说:"'郊寒岛瘦'这四个字,不知被多少人引用过。若问何谓'寒'?何谓'瘦'?说这话的苏东坡本人也未必能作出精确的回答。他只是把自己对孟郊、贾岛这两位诗人的总体感受说了出来,其中的意味要靠读者自己去体会。"(引自《中国诗歌艺术研究》自序)徐中玉先生不像袁先生说得这么具体,他简括地总结出中国古代文论的特点是:"审美的主体性、观照的整体性、论说的意会性、描述的简要性,便是中国古代文论带有民族特色的思维特点。"(《艺术辩证法编》序)所以我们在古代文论家的论述文字中,常常会看到他们以酸咸评诗、以生熟品画、以肥瘦论书法,这种变无形无声为可视可感的形器之论,变阃奥为浅俗之言,虽不可把捉,却可意会,洵为中华古文论的特色之一。其他诸如雄浑、纤秾、冲淡、沈著、高古、疏野、飘逸、气韵、滋味、风骨、神理、兴寄、气象、清真、逸气、意象、兴象、境象、意境、清奇、超诣，等等，这种词意深奥甚或带有玄虚味道的文论术语，不仅外国人无法精确翻译，甚至国内学人也是见仁见智，歧义纷呈。另外，在道释哲学的影响下，也衍生出许多富含哲思理趣，或具道禅意蕴的审美概念，如道、气、象、神、理、趣、味、韵、境、妙、拙、品、和、比、兴、虚、实、形、悟、动、静、逸、意、情、景、生、熟、酸、咸、涩，等等。我们对古人在长期文化积淀中，在对客观世界的审美观照中，凝结提炼出来的这些美学概念，给予应有的关注，得出一个合理的且为多数学人所认可的解释，正是众多文艺理论工作者义不容辞的责任。

第一章 意象理论产生的哲学基础

一、《周易》对意象理论产生的影响

“意象”一词最早见于汉代王充《论衡·乱龙》:“天子射熊,诸侯射麋,卿大夫射虎豹,士射鹿豕,示服猛也。名布为侯,示射无道诸侯也。夫画布为熊麋之象,名布为侯,礼贵意象,示义取名也。”意思是说,把画有凶猛程度不同的野兽的画布,当作箭靶子,地位越高所射野兽就越凶猛,以此来显示地位高低、权威大小。这就把君臣上下之礼寓意于画象之中,人们则观画象而知意,故曰“礼贵意象,示义取名也”。另外又说“礼,宗庙之主,以木为之,长尺二寸,以象先祖。孝子入庙,主心事之,虽知木主非亲,亦当尽敬。……虽知非真,示当感动,立意于象”,也就是说,孝子入庙,要把那块长尺二寸的木牌子当作祖先来加以崇敬,虽然明知是假的,也要表示出感动,把这份孝意寓于象中。从以上两条资料可以看出,王充所使用的意象概念,其原初意义就是“立意于象”,是在象征层面上加以使用的。正如陈植锷《诗歌意象论》中所说:“王充这段话中对意象一词的使用,为我们提供了一个具有权威意义的语言环境,使我们在给意象这一概念下定义时,有了明确的语源上的依据。”

需要指出的是,《周易》对意象理论产生的影响是极其深远的。意象概念虽然最早见于汉代王充《论衡·乱龙》,然而关于意和象的关系的论述却早在战国时代就已经出现。《周易》中有一段话就谈到言、象、意之间的关系:“子曰:‘书不尽言,言不尽意。’然则圣人之意其不可见乎？子曰：‘圣人立象以尽意，设卦以尽情伪，系辞焉以尽其言。’”(《周易·系辞上》)这段话提出了“言不尽意”和“立象以尽意”的哲学命题。意思是说，圣人之意用言辞是无法穷尽的，只有立象才能尽意。那么什么是圣人之意呢？按照“圣人立象以尽意，设卦以尽情伪”的意思来推理，其中所说的“象”，应指卦象，卦象是用来占卜宇宙变化、社会发展、人事吉凶的象征性符号，是“古者包牺氏之王天下也，仰则观象于天，俯则观法于地。观鸟兽之文，与地之宜，近取诸身，远取诸物，于是始作八卦，以通神明之德，以类万物之情”(见《周易·系辞下》)。意思是说，圣人对万物之象进行模拟，创立卦象，表达对天地之道的认识。因此圣人之意应指卦象本身所象征的意义。魏晋时期的玄学家王弼在《周易略例·明象》中有一段精彩的论述讲得比较透彻，兹录于下：

> 夫象者，出意者也。言者，明象者也。尽意莫若象，尽象莫若言。言生于象，故可寻言以观象；象生于意，故可寻象以观意。意以象尽，象以言著。故言者所以明象，得象而忘言。象者所以存意，得意而忘象。犹蹄者所以在兔，得兔而忘蹄；筌者所以在鱼，得鱼而忘筌也。然者，言者，象之蹄也；象者，意之筌也。是故，存言者，非得象者也；存象者，非得意者也。象生于意而存象焉，则所存者乃非其象也；言生于象而存言焉，则所存者乃非其言也。然则，忘象者，乃得意者也；忘言者，乃得象者也。得意在忘象，得象在忘言。故立象以尽意，而象可忘也。

王弼这段话，可概括为以下三点内容：(1)言、象、意三者之间有一定联系，它们之间的关系是，言说明象，象表达意。从创作者来说，其逻辑顺序是意—象—言，从欣赏者来说，其逻辑顺序是言—象—意。(2)言和象都具有表达功能，即“夫象者，出意者也。言者，明象者也。尽意莫若象，尽象莫若言”。(3)言和象都是表达意的手段，只有忘掉（即超越）手段（言和象）才能真正得到目的（意），即“故言者所以明象，得象而忘言。象者所以存意，得意而忘象”。

下面我们先讨论“言不尽意”这一哲学命题。语言学告诉我们，语言是有声的思维，思维是无声的语言。语言是思维的外壳，它是人类交流思想的工具，其重要意义是不言而喻的。然而，语言在交流思想、揭示客观事物的同时，又无意中掩盖了部分事物和情感的真相。换句话说，由于语言发展滞后的局限性和使用语言的人的才能高低所造成的表达障碍，就会使得人们在表达思想感情时造成了掩盖或扭曲事实的现象。对此，庄子在《天道》篇中就用“轮扁斫轮”的寓言，说明语言文字在表达思想时会存在“得之于手而应于心，口不能言，有数存焉于其间”的现象，所以他说：“语之所贵者意也，意有所随。意之所随者，不可以言传也。”庄子在这里并不是说语言文字不可以表达思想，而是说有些幽深微妙的思想感情用语言去表达是不可穷尽的。所以他说轮扁虽有斫轮经验，但“口不能言”又不能“喻臣之子”，故而只好“行年七十而老斫轮”。又如唐代禅师道明在悟道后说自己的感受是“如人饮水，冷暖自知”（《五灯会元》卷二）。这种对悟道深浅的感受，就像饮水一样，水之冷暖，只有自己心中明白，无法用语言去表达。这和禅宗典故中“佛祖拈花，迦叶微笑”略相仿佛。佛祖拈花示法，不发一言。众僧中唯迦叶一人心领神会，破颜为笑，也不发一言，仅用微笑表示对佛法的领悟。迦叶悟道是无法用语言表达的，所谓“不立文字，教外别传”（《五灯会元》卷一）。北宋欧阳修对于“言不尽意”有一个比较通达的说法：

> 书不尽言，言不尽意。然自古圣贤之意，万古得以推而求之者，岂非言之传欤？圣人之意所以存者，得非书乎？然则书不尽言之烦，而尽其要；言不尽意之委曲，而尽其理。谓书不尽言，言不尽意者，非深明之论也。（引自欧阳修《系辞说》）

这段话有两层意思：一是说书可尽言，言可尽意；二是说书册不能把所有的繁杂内容都写进去，而是择其大要而言之。言辞也不是能把所有含蓄委婉、隐曲幽深的意思全部穷尽，而只是把根本的道理说清楚。一般来说，那种符合语法规则的叙述，正常思维下的普通道理，“言”是可以尽意的。不然，古代典籍、传统文化何以流传至今！至于那些微妙幽深的思想感情，以及属于情感体验方面的“意”，则是无法穷尽的。例如杜甫的“暮投石壕村，有吏夜捉人”（《石壕吏》），白居易的“宣城太守知不知？一丈毯，千两丝！地不知寒人要暖，少夺人衣作地衣”（《红线毯》），这些诗句明白如话，语言是可以尽意的。至于像陶渊明的“山气日夕佳，飞鸟相与还。此中有真意，欲辨已忘言”（《饮酒》其五），这个“真意”诗人无法说明，但也不需要说明。诗句只是表达了诗人看到夕阳之下，飞鸟结伴而还的自然景色，并由此而产生了一种悟觉。这悟觉可以是脱离官场后的喜悦，也可以是对平淡生活的惬意，还可以是面对自然景色生发出的一种难以形容的陶醉，等等。这种感受是语言无法穷尽的。又如李清照面对国破家亡的惨痛遭遇，她那种无法言说的悲哀、凄楚和孤独，诗人创造性地选用了十四个双声叠字“寻寻觅觅，冷冷清清，凄凄惨惨戚戚”（《声声慢》）来加以形容，遂成千古绝唱。细想想，诗人当时的复杂情感，用文字的确是无法说清楚的，用空虚寂寞、孤寂清冷、惆怅凄厉等形容词都显得苍白，只有把她当时的直觉感受外化为可以看得见的形象,变无形为有形,才能把这种看不见、摸不着的感情表现得入木三分、淋漓尽致。其中“寻寻觅觅”四字用得最为生色。她把空虚寂寞、孤寂清冷形容为若有所失,把无形之感情外化为可视可触的动作,赋感情以形象,真可谓墨气四射的传神之笔。这种化抽象为具象的比喻手法,正是意象创造的重要手法。这就涉及一个“象”的问题,“象”是创造意象不可或缺的重要元素,无象就构不成意象。那么什么是象?为什么立象就可以尽意?《周易》中的“象”指卦象,《周易·系辞上》中说:“圣人有以见天下之赜,而拟诸其形容,象其物宜,是故谓之象。”对于这一界说,唐代孔颖达在《周易正义》中曰:“赜谓幽深难见。圣人有其神妙,以能见天下深赜之至理也。……‘象其物宜’者,圣人又法象其物之所宜。”意思是说,圣人创立卦象,来象征客观现象(包括自然现象和社会现象),故卦象通于客观物象,它是对客观物象的模拟,从“易有太极,是生两仪,两仪生四象,四象生八卦”来看,由四时变化之象所产生的乾(天)、坤(地)、震(风)、巽(雷)、坎(水)、离(火)、艮(山)、兑(泽)八种卦象都是对天地自然物象的模拟,所以《周易·系辞下》中说:“是故易者,象也。象也者,像也。”孔颖达在这一条下疏曰:“谓卦为万物象者,法像万物,犹若乾卦之象,法像于天也。”这说明卦象是对万物的模拟,万物之象是具象的,卦象则是对万物之象的抽象概括。这种通过观物取象,由具象到抽象的演绎过程,正是意象思维下的由物象而意象的艺术创造过程。例如温庭筠《商山早行》诗中的“鸡声茅店月”,是由三个物象词组成,是具象。但当这三个物象词同置于一个诗意空间时,三个物象相互作用,相摩相荡,之间不用连接词,直接拼合,经过读者的艺术联想,就会产生道路辛苦、羁旅愁思的审美感受。因为在这种诗的语境中,鸡声、茅店、月,三个物象词已蕴含了旅行者的主观情意,是“索物以托情”

“情附物也”（李仲蒙语）。也就是说，当物象附情之后，这物象就已非原来之物象，而嬗变为意象词了，即得意而忘象。因此我们说《周易》作为一部哲学著作，其对艺术意象产生的影响是极为深远的。

现在我们再来讨论“立象以尽意”的问题。

前面我们曾经说过，有些“意”言辞是可以尽的，有些“意”则不可穷尽。魏晋时期诗人嵇康有一首《赠秀才入军》，诗曰：“目送归鸿，手挥五弦。俯仰自得，游心太玄。”东晋大画家顾恺之说：“手挥五弦易，目送归鸿难。”意思是说，画“手挥五弦”这个有形的动作容易，但若要画出“目送归鸿”这个心理变化的神态就困难了。也就是说画外在形象容易，画内心情感比较困难。故唐代诗人高蟾《金陵晚望》诗曰：“曾伴浮云归晚翠，犹陪落日泛秋声。世间无限丹青手，一片伤心画不成。”任你丹青高手，也画不出伤心的感情。因为感情是内心活动，是无形的。因此，顾恺之提出了“以形写神”的绘画理论。这个“以形写神”理论的实质就是以有形写无形、以实写虚，这和《周易》提出的“立象以尽意”的命题是一致的。所不同者在于易家把万物之象、深隐之理通过创立卦象来表达，艺术家则是通过创立形象、变物象为意象来表达。“乾卦之象，法像于天”是象征，“红杏枝头春意闹”也是象征，唯前者是哲学，后者为艺术。

为了进一步说明“立象以尽意”这一哲学命题，我们不妨以诗歌为例加以说明。袁行霈先生在他的《中国诗歌艺术研究》一书中曾打比喻说：“如果我们把诗的意境比做完整的建筑，那么意象只是构成这建筑的一些砖石。”意思是说，你要建造什么样的大厦，你就必须挑选什么样的“砖瓦”。比如曹操的《却东西门行》诗中有“狐死归首丘，故乡安可忘”两句，意为狐狸将死时，必将头朝向出生的山丘。诗用比兴，他将怀念故乡的情感寓之于“狐死首丘”这个意象中。在这个意象中，有意有象，有情有景，在比兴手法的运用中，使诗人的怀乡情感得到了生动展现。如果没有这个意象，诗句的感人力量就不会如此生动有力。又如《古诗十九首》中有“胡马依北风，越鸟巢南枝”两句，意为胡地（北方）的马，不管到哪里，都会依恋那来自故乡的北风；越（南方）鸟不管飞到何处，都会把巢筑在朝向南方的树枝上，以表示对于故乡的怀念。两句诗全用比兴，情含在景里，意寓于象中，故也是意象。故清代章学诚说：“《易》象通于《诗》之比兴。”（《文史通义·内篇》）《易》之象即卦象，而卦象正是古人在仰观俯察的基础上，对天地万物的抽象概括，是一种具有象征意义的表意符号，其实质也是一种比拟和象征，故《易》象也可被看作意象。南宋陈骙《文则》说：“《易》之有象，以尽其意，《诗》之有比，以达其情，文之作也，可无喻乎？”这说明在比喻和象征的层面上，比兴通于意象。故章学诚又说：“《易》象虽包六艺，与《诗》之比兴，尤为表里。”

二、《老子》的“道”论对意象理论产生的影响

《老子》第二十一章说：“道之为物，惟恍惟惚。惚兮恍兮，其中有象；恍兮惚兮，其中有物。”意思是说，“道”这个东西是恍惚不清的，但恍惚之中又有“象”和“物”。那么，什么是“恍惚”呢？《老子》第十四章说：“是谓无状之状，无物之象，是谓惚恍。”也就是说它是一个无形无象，不见形体的东西，这种“无状之状，无物之象”的状态就叫作“恍惚”。再进一步说，道就是“视之不见”“听之不闻”“搏之不得”。道虽然如此玄妙不可感知，但它又确实存在，而且是万物之主宰。所以《老子》第四十二章说：“道生一，一生二，二生三，三生万物。”对于这

几句话,学界颇有争议。其实关键是一个“生”字,虽然《老子》第二十五章中曾说过“(道)可以为天下母”,但这个“母”可以理解为根源,不是指母亲。因此“生”字也就不是像母亲生孩子那样,道产生万物;而应当理解为“化生”,就像“和气生财”一样,和气不能直接生出财来,只有态度和气,使交易成功,才能获利。因此把“道”理解为万物生长、发展的总规律、总原则、总根源是较为允当的。老子哲学中对意象的产生最重要的影响有两点:其一是关于象的论述;其二是关于有无的论述。

《老子》第四十一章中提出了“大象无形”的命题,在二十一章中又说:“道之为物,惟恍惟惚。惚兮恍兮,其中有象;恍兮惚兮,其中有物。”从这一论述中我们可以看出老子对“象”的认识是,第一,他认为最大的形象看起来似乎无形;第二,“象”处于恍惚不清的状态之中;第三,道虽然无形无象,看不见,摸不着,但它确实存在,既有“象”又有“物”且有功能。例如天上的云气,是可以看得见的,但“搏之不得”,若降至地上则可变为雨、雪和冰雹。所以《周易》中说:“在天成象,在地成形,变化见矣。”(《周易·系辞上》)对于这一自然现象,《乐记》也有类似记载:“地气上齐,天气下降,阴阳相摩,天地相荡,鼓之以雷霆,奋之以风雨,动之以四时,煖之以日月,而百化兴焉。”元代吴澄在《道德真经注》卷二中说:“道之为物,似无似有,不可得而见,故曰恍惚。物者,物生以后之形;象者,物生以前之气……形之可见者,成物;气之可见者,成象。”这和我们前面所说的天上云气变为地上雨雪是一个道理。简言之,物是有形的,可触可见;象是无形的,可见不可触。按照老子把道称为“无物之象”来看,那么象就具有似有似无的两重性。说它“似有”就是因为在意象概念中,象是意的载体,如杨柳是离别的载体,没有杨柳这个“象”,离别之意就托之无物;说象“似无”就是说象又是虚无的，例如“兴象”“境象”“气象”等就是一些高度抽象的审美概念，其中最主要的原因就是它没有“具象”。宋代苏辙对《老子》的“无状之状，无物之象”解释说：“状，其著也；象，其征也。‘无状之状，无物之象’皆非无也。”这里的“状”是指物质性的相状，所以它显著；“象”不具备物质性的特质，故而是一种似有若无的征象，但二者都是“非无”的存在状态。宋代吕惠卿《道德真经传》也有类似看法：“象者疑于有物而非物也，故曰‘无物之象’，又曰‘大象无形’。物者疑于无物而有物者也，故曰‘无状之状’，又曰‘有物混成。”宋代诗人杨万里则见解独到，他在《诚斋易传》中说：“在天成象，在地成形，变化见矣，何谓也？曰：有物可见，无物可执谓象。有物可见，有物可执谓形。日月在天，象也；山泽在地，形也。天垂日月之象，故《易》之‘坎’‘离’可见天之变化，地出山泽之形，故《易》之‘艮’‘兑’可见地之变化。”这就把“象”与“物”的区别说清楚了。

上面我们征引了历史上几位前贤对于“象”的阐释，由此可以看出老子对于“象”的论述，对于艺术中的审美意象的建构是极为深刻的。因为老子所说的“恍惚”是一种“似无如有之境”（钱锺书语），这种似无若有、似有若无的境界，正是艺术魅力的“众妙之门”。我们以诗为例，“闲花落地听无声”（唐李嘉祐诗）是一种疑无声而有声的境界，“暗香浮动月黄昏”（宋林逋诗）、“疏影月移壁”（唐许浑诗）、“雁度池塘月”（唐周贺诗）都是一种似有迹而无迹的境界。这些诗句妙在有象可见，而无物可执。影虽虚而无物，然而实有物存焉，因为因形而显影，令人涵玩不尽，韵味隽永。艺术之妙在虚不在实，在隐不在显。明代王廷相在《与郭价夫学士论诗书》中说：“诗贵意象透莹，不喜事实黏著。……言征实则寡余味也，情直致而难动物也，故示以意象,使人思而咀之,感而契之,邈哉深矣！此诗之大致也。”这里谈的虽然是诗歌意象问题,但涉及艺术中的虚实隐显问题。换句话说,如果没有哲学上的“恍惚”之境,也就谈不上艺术中“邈哉深矣”的艺术至境。前面我们谈到意象的原初含义是王充提出的“立意于象”,意在象前。也就是庄子“轮扁斫轮”寓言中所说的,轮扁心中先有了轮子的模样,然后取材运斤,斫出轮子。这就是南北朝时期文学理论家刘勰在《文心雕龙》中提出的“独照之匠,窥意象而运斤”著名论点。意思是说,作者先有了创作的“意”,然后选取符合自己创作意图的材料(意象)而运斤创作。影响所及,文论、画论、书论中就有了“意在笔先”的命题。晋代王羲之《题卫夫人笔阵图后》说:“夫欲书者,先乾研墨,凝神静思,预想字形大小、偃仰、平直、振动,令筋脉相连,意在笔前,然后作字。”清代画家郑板桥在《板桥题画》中有一段著名文字也谈到了“意在笔先”的问题:

> 江馆清秋,晨起看竹,烟光日影露气,皆浮动于疏枝密叶之间。胸中勃勃,遂有画意。其实胸中之竹,并不是眼中之竹也。因而磨墨展纸,落笔倏作变相,手中之竹,又不是胸中之竹也。总之,意在笔先者,定则也;趣在法外者,化机也。独画云乎哉!

郑板桥在这里叙说了他的创作构思过程。当他看到了园中之竹(眼中之竹)时,那疏枝密叶间的烟光、日影引起了他的创作冲动,于是“遂有画意”(意在笔先),这时他就开始构思竹的形象,这就是所谓“胸中之竹”,这个“胸中之竹”并不是对自然之竹的逼真描摹,而是根据自己对竹的认识,如何借竹子来表达自己的审美趣味,如何把竹子的劲节挺拔和人品中的耿直、高洁、中空外直的节操联系在一起,意存于象,物我情融,最后“冗繁削尽留清瘦”“倏作变相”就成为一幅“托物以寄意”的艺术品(手中之竹)了。这个变相之后的“手中之竹”是艺术品,不是意象(因为意象是构思的材料),意象的经营存在于“胸中之竹”阶段,所以章学诚又把意象称为“内心营构之象”。刘勰的《文心雕龙》也是把意象放在《神思篇》中来谈,道理正在于此。另外,还有一种意象思维模式,即先有象后有意,所谓触景生情。把情附着于象(景),情虽不可见,但情以物显就可见可感。宋代李仲蒙在谈到诗歌的赋、比、兴问题时说:“叙物以言情谓之赋,情物尽也;索物以托情谓之比,情附物也;触物以起情谓之兴,物动情也。”(宋胡寅《与李叔易书》引李仲蒙语)例如唐王昌龄《闺怨》诗:“闺中少妇不知愁,春日凝妆上翠楼。忽见陌头杨柳色,悔教夫婿觅封侯。”少妇忽见柳色而生悔意,就是触物起情,象在前意在后,“物动情者也”。我们再举一个“情附物者也”的例子。唐王维《送沈子福之江东》曰:“杨柳渡头行客稀,罟师荡桨向临圻。惟有相思似春色,江南江北送君归。”送友离别,难免留恋依依,这种留恋惜别的送别诗,唐人可谓独擅胜场。如李白《劳劳亭》中“春风知别苦,不遣柳条青”,高適《别董大》的“莫愁前路无知己,天下谁人不识君”,王勃《送杜少府之任蜀州》中的“海内存知己,天涯若比邻。无为在歧路,儿女共沾巾”,李诗于委婉中流露出留恋,高诗在豪爽大气中显示出宽慰,王诗则于乐观豁达中寓意劝勉。三首诗虽风格、情趣各不相同,却共同道出了一个送别的主题。王维这首诗虽然也是送别,却能别出机杼,他把无形的相思变为可见可感的春色,“情附于物”,春色无边无际,相思则无穷无尽。“化景物为情思”(范晞文语),他把比显而兴隐的艺术规律用到了极致。明代黄子肃《诗法》说:“常使意在言表,涵蓄有余不尽,乃为佳耳。是以妙悟者,意之所尚透彻玲珑,如空中之音,虽有所闻,不可仿佛,如象外之色,虽有所见,不可描摹;如水中之珠,虽有所知,不可求索。”王维这首诗中的“春色”就是这种不可描摹的“象外之色”,也就是情之所托的意象。总之,老子的“道”论虽为哲学,但它给艺术以灵魂,而“艺”则赋予道以形象,哲学家张世英说“老子思想是中国传统美学‘意象’说的先声”(《中西文化与自我》)是很有见地的。

三、庄子哲学对意象理论产生的影响

庄子也是讲“道”,并在老子道论的基础上有所发展。庄子和老子一样,认为“道”是宇宙万物发展变化的总根源、总规律。庄子在《大宗师》中说:“夫道有情有信,无为无形,可传而不可受,可得而不可见,自本自根,未有天地,自古以固存,神鬼神帝,生天生地。”《知北游》说:“道不可闻,闻而非也;道不可见,见而非也;道不可言,言而非也。知形形之不形乎! 道不当名。”庄子认为“道”自古以来就确实存在,它虽然“无为无形”,然而却“自本自根”自为本根。并且“道”可以生天生地,使神鬼变得神灵。它虽然无形,却可以创生有形的万物,这里的“不可见”、“不可言”、无形、无名诸特点与老子对“道”的认识是一致的。《老子》第二十五章说:“有物混成,先天地生。……周行而不殆,可以为天下母。”《庄子·达生》说:“天地者,万物之父母也,合则成体,散则成始。”老、庄在“道”为天地之主宰、“周行而不殆”、能合能散这些方面认识是一致的。但老子认为“道”生万物,庄子则认为“道”生天地,天地生万物。所以他说(阴阳二气)和则产生新的物体,散又将成为新的物体产生的开始。可见庄子较之老子对客观世界的认识又前进了一步。另外,老子是在社会政治层面上论

“道”，他提出了“小国寡民”“老死不相往来”的乌托邦思想，政治上主张无为而治，取消斗争，是政治哲学。而庄子则更重视人生，使“道”成了人们生活的准则。比如他的“材与不材之间”论，树因“不材”而长生，雁因“不材”（不鸣）而被杀，就是着眼于在激烈的阶级斗争中如何在社会夹缝中求生存的保命哲学。他的“万物齐一”、“生死齐一”、“庄子妻死鼓盆而歌”、“死生为昼夜”、生死循环等都是让人们一切顺其自然，以保全生命。因此，庄子哲学又可称为人生哲学。

（一）庄子的“得意忘言”说

我们在前面阐释《周易》对意象产生的影响时，曾详细论述了《周易》所提出的“书不尽言，言不尽意”这一哲学命题。指出“言”在一般情况下是可以“尽意”的，但在有些情况下则是不可“尽意”的。而且《周易》还提出了“立象以尽意”的命题。为什么“立象”就可以尽意呢？这就涉及一个“象”的问题。按照《周易》对“象”的诠释，第一指现象，《周易·系辞下》曰：“见（现）乃谓之象，形乃谓之器。”第二指卦象，《周易·系辞上》曰：“圣人有以见天下之赜，而拟诸其形容，象其物宜，是故谓之象。”第三指象征，《周易·系辞下》曰：“易者，象也，象也者，像也。”《周易》是一部占卜用书，是用卦象符号来象征自然现象和社会现象的生发变化，示人以吉凶祸福，让人们趋利避害。《周易·系辞上》所说的“天垂象，见吉凶，圣人象之”就是这个意思。综上所述，儒家用设立卦象的办法，来解决“言不尽意”的问题，这就是所谓的“立象以尽意”。道家则不这样认识，因为儒家即使设立了卦象，如果没有卦辞、爻辞的说明，还是解决不了“言不尽意”的困惑，也就是说还离不开语言（辞）。《庄子·天道》曰：“世之所贵道者，书也。书不过语，语有贵也。语之所贵者意也，意有所随。意之所随者，不可以言传也。”庄子在这里指出，书中有语，语中有意，所以它“贵”；可是这个“意”所追随的是道，道是不可以言说的。所以庄子在《庄子·秋水》中说：“可以言论者，物之粗也；可以意致者，物之精也。”也就是说，可以言说者，乃“物之粗”，即非本质的东西，可以心领神会者，才是“物之精”（即事物的本质）。这和道家崇尚自然，反对人为，追求自由，反对礼教束缚有关。所以道家齐物我，一是非，离形去知，主张“心斋”“坐忘”，忘掉一切外界事物（包括语言），故而在《庄子·外物》中提出：“筌者所以在鱼，得鱼而忘筌；蹄者所以在兔，得兔而忘蹄。言者所以在意，得意而忘言。”这里所说的筌和蹄一样，是指捕捉鱼兔的工具，一旦得到鱼兔，工具就不重要了。言和意的关系，就和鱼兔与筌蹄一样，一旦获得了意，语言就可以忘掉，因为语言是用来表达意的，意才是我们追求的目的，故得意可以“忘言”。道家的这种“忘言”论，崇尚虚，儒家的“立象”论，推重实，可以说各有千秋。然而从我国传统的审美趣味来讲，似乎更崇尚言不尽意，“言有尽而意无穷”的空灵蕴藉的审美境界，是艺术家孜孜以求的。

关于言、意之间的关系，到了魏晋时期，玄学家王弼把这一关系诠释得非常精辟，他在《周易略例·明象》中说：

> 夫象者，出意者也。言者，明象者也。尽意莫若象，尽象莫若言。言生于象，故可寻言以观象；象生于意，故可寻象以观意。意以象尽，象以言著。故言者所以明象，得象而忘言。象者所以存意，得意而忘象。

这里的象，指卦象，是一种象征自然物象和社会事理的符号，是古人“仰观俯察”“近取诸身，远取诸物，于是始作八卦”（《周易·系辞下》)的产物。唐孔颖达疏曰:“近取诸身者,若耳目鼻口之属是也;远取诸物者,若雷风山泽之类是也。举远近则万事在其中矣,于是始作八卦。”(《周易正义》)下面再说“意”,意是意旨、本意。也就是说,我们从八卦的卦象中可以看出卦象是天所垂示的吉凶之意,象在外,意在内,象是意的外化。这里的“言”是指卦辞、爻辞,是用来说明象的,所以说“言生于象”。“尽意莫若象”也即“立象以尽意”,因为象中含意,故可“寻象以观意”。对于“言者所以明象,得象而忘言。象者所以存意,得意而忘象”,质而言之,言和象都是表意的工具,意才是目的,一旦得意则可以“忘言忘象”,这和庄子说的得鱼兔而忘筌蹄是一个意思。这对我国意象理论的产生具有重大意义。为了说明问题,我们不妨举个例子来加以说明。

唐代诗人朱庆餘有一首《近试上张水部》诗:“洞房昨夜停红烛,待晓堂前拜舅姑。妆罢低声问夫婿,画眉深浅入时无?”唐代应试士子有向名人“行卷”(把写好的文章或诗歌投递给名人,以求其介绍给主考官)的风气,朱庆餘这次投递的名人是官水部郎中的张籍,张籍在当时是著名诗人,名望甚高,若能得到他的赏识,应举考试就有了几分希望。但这件事关前途命运的大事,对朱庆餘来说又是一件难以启齿的事,他怀着这种忐忑不安的心情,写了这首诗呈给张籍。诗全用比体,以新妇自比,以新郎比张籍,以公婆比主考官。诗歌语言含蓄蕴藉,情调深婉隽永,新妇的情貌口吻拿捏得也十分得体。于委婉中暗喻旨意,吞吐之中又不失体面,是一首“忘言忘象”的意象诗。因为诗的字面意思是写新妇拜见公婆前的不安心情,所以他要“妆罢低声问夫婿”,而这与朱庆餘应试是否能够得中,可以说是了无关涉,然而诗的巧妙正在于诗人把他的本意藏在这个洞房闺意的“象”中,这种言在此而意在彼的意象表达,真正达到了“但见性情,不睹文字”

(皎然语)的艺术至境。如果读者执着于诗的表层意思,那就只能是“存言者,非得象者也;存象者;非得意者也”(王弼语)。

(二)庄子的“气”论

庄子在“道”论的基础上提出了“通天下一气耳”(《知北游》)的命题。他认为天地间是一个混沌未分、整体一气的状态。万物由气的聚散转化而生,作为天地间的人,则是“气聚而生,气散则死”。他说:“人之生,气之聚也,聚则为生,散则为死……是其所美者,为神奇,其所恶者为臭腐。臭腐变化为神奇,神奇变化为臭腐,故曰‘通天下一气耳’。”即人在气中,气在人中,天地由气构成。

“气”在中国哲学中,是一个重要的哲学范畴。从先秦诸子到明清鸿儒,对“气”的理解多有不同。《周易》有“精气”说;孟子有“知言养气”说;荀子有“气生万物”说;汉代内丹学家又将“气”区分为先天之气和后天之气,先天之气指元精之气,受之于父母,后天之气则为天地之气,源自自然;汉董仲舒认为“天地之气,合而为一,分为阴阳,判为四时,列为五行”;北宋的周敦颐又提出来“二气交感”说;张载提出来“太虚即气”说;明代王廷相有“元气”说;吴廷翰有“性气一物”说;吕坤有“气无终尽”说;清戴震有“气化流行”说;王夫之有“气本体”说;黄宗羲有“心即气”说;颜元有“理气合一”说;姚鼐又提出了“阴阳刚柔”说等。其中姚鼐有一段关于文章阳刚之美和阴柔之美的精彩论述,兹录于后:

> 自诸子而降,其为文无弗有偏者。其得于阳与刚之美者,则其文如霆,如电,如长风之出谷,如崇山峻崖,如决大川,如奔骐骥。其光也,如杲日,如火,如金镠铁。其于人也,如冯高视远,

如君而朝万众，如鼓万勇士而战之。其得于阴与柔之美者，则其文如升初日，如清风，如云，如霞，如烟，如幽林曲涧，如沦，如漾，如珠玉之辉，如鸿鹄之鸣而入寥廓。其于人也，漻乎其如叹，邈乎其如有思，暖乎其如喜，愀乎其如悲。观其文，讽其音，则为文者之性情形状举以殊焉。（引自《复鲁絜非书》）

以上我们征引了先哲前贤对于“气”的看法，尽管说法各异，但总体来看，不外是认为“气”既具有精神属性，又具有物质属性。兹举例说明。例如孟子在《公孙丑上》中提出的“浩然之气”，主要是指在儒家道义观念支配下的那种“至大至刚”充塞天地之间的浩然正气，是一种沛然莫之能御的精神力量。又如《左传》庄公十年记载“曹刿论战”中的“夫战，勇气也，一鼓作气，再而衰，三而竭”，这里所说的“勇气”，无疑也是属于精神层面的气。另外还有属于物质层面的气。比如《周易·系辞上》曰：“精气为物，游魂为变，是故知鬼神之情状。”孔颖达疏曰：“云精气为物者，谓阴阳精灵之气，氤氲积聚而为万物也。”《老子》第二十一章中也谈道：“窈兮冥兮，其中有精；其精甚真，其中有信。”东汉王充《论衡》：“人之所生者，精气也。”所谓“精气”都是指“物”，是指物质性的微小颗粒，其积聚构成万物。庄子称之为“精”。《庄子·秋水》曰：“夫精，小之微也……夫精粗者，期于有形者也。”既然有形，自然是物质的。庄子的“气”论是在老子“道”论的基础上把“道”与“气”联系起来加以论述的。比如《庄子·人间世》曰：“气也者，虚而待物者也。唯道集虚，虚者，心斋也。”他在这里指出了“气”的本质属性是“虚”，正因为其虚，故可接纳外物，只有具备了这种虚空明净的心境（心斋），去除干扰，除掉偏见和成见，才能悟道。明王廷相《慎言》说“有虚即有气，虚不离气，气不离虚，无所始，无所终之妙也”。《管子》说“虚而无形谓之道”，“精也者，气之精者也”。综上所述，可归纳为两点：(1)气是“精”，是“期于有形者也”具有物质属性；(2)道是虚而无形者也，具有精神属性。老子说“道生一”(第四十二章)，庄子说“道通为一”(《齐物论》)，这个“一”就是混沌一体的气。因此，可以说“道”“气”“一”是一个东西，如果这样理解不错，那么“道”也就具有了物质属性。例如汉桓谭说：“精神居形体，犹火之然烛矣……烛无火，亦不能独行于虚空。”(《新论·祛蔽》)意思是说，烛是“形”，火是“神”，(气)没有烛也就没有火，“道”和“气”的关系就是烛与火的关系，也可以说“气”是“道”的物质形态。所以庄子《知北游》说：“精神生于道，形本生于精(物质)，而万物以形相生。”宋代王柏说：“夫道者形而上者也，气者形而下者也。形而上者不可见，必有形而下者为之体焉，故气亦道也。”(题《碧霞山人王公文集》后)故“道”和“气”是一而二、二而一的问题。

(三)庄子“气”论对艺术的影响

庄子的“气”论除了在哲学上产生巨大影响外，其在艺术领域的影响也极为深远。魏文帝曹丕第一次将“气”引进了文学，首倡“文以气为主”的命题，遂使魏晋时期产生了以“气”论短长的风尚。如“徐幹时有齐气”，“孔融体气高妙”，“公干有逸气”(以上引自曹丕《典论·论文》)等对于人物的评说，首开我国文论中的“文气”说，并形成了一个源远流长的理论批评谱系。齐梁时期刘勰提出了“才有庸俊，气有刚柔”(《文心雕龙·体系》)，“志气统其关键”(《文心雕龙·神思》)；钟嵘提出了“气之动物，物之感人，故摇荡性情，行诸舞咏”(《诗品序》)，可以说都是曹丕“文气”说的继承和发展。降至隋唐，在韩愈的大力推动下，由魏晋的“主气”转向了“主意”。他提出了

“气盛言宜”的命题，他在《答李翊书》中说“气盛则言之短长与声之高下者皆宜”。隋唐时期，随着禅宗的兴起，儒、道、佛三教并存。韩愈倡儒排佛，他所说的“气盛”是指在所谓“道统”观念下体现出来的充沛气质，有了这种气质，文章就会写得理直气壮、流畅通达。在他的影响下，王昌龄有“夫作文章，但多立意”（《诗格》），杜牧有“凡为文以意为主，气为辅，以辞采章句为之兵卫”（《答庄充书》）。宋元时期，在程朱理学的影响下，刘将孙在《谭村西诗文序》中又提出了“文以理为主，以气为辅”的理论。说明此时的文坛风气已由讲风神气势转向了宁静淡泊，从壮美转向了优美。宋黄庭坚就认为“好作奇语自是文章病，但当以理为主。理得而辞顺，文章自然出群拔萃”（《与王观复书》），宋吴子良认为“为文大概有三：主之以理，张之以气，束之以法”（《荆溪林下偶谈》）。清代刘大櫆又提出了“以神为主，以气为辅”的主张，他在《论文偶记》中说“行文之道，神为主，气辅之。曹子桓、苏子由论文，以气为主，是矣。然气随神转，神浑则气灏，神远则气逸，神伟则气高，神变则气奇，神深则气静，故神为气之主。至专以理为主，则未尽其妙”，又说“文章最要气盛，然无神以主之，则气无所附，荡乎不知其所归也。神者气之主，气者神之用”。也就是说，神是气的主宰，神的作用体现在气上。所以，孔子曰“言之无文，行之不远”（《论语》），王夫之说“气之不昌，则更无文”（《古诗评选》）。也就是说，为文之道，既要具有文采，又要畅之以气盛，达到骨气洞达，爽爽如有神助，势如高山飞瀑，长风出峡，酣畅淋漓，动人心魄。例如唐朝诗人陈子昂在怀才不遇、报国无门的际遇下，写出了苍凉悲壮、义愤填膺的千古绝唱《登幽州台歌》：“前不见古人，后不见来者。念天地之悠悠，独怆然而涕下！”诗人吊古伤今，高标遗世，悲愤苦闷，在辽阔苍茫的宇宙间，发出了他那气冲牛斗、直指九天的抑郁不平之气。千古之下,犹能感受到他那种豪气扑面的忠义之气。这首诗没有比兴意象,也没有逻辑性的感情叙述,但读者却可以从中感受到诗人的孤独和愤激,那种喷薄而出的“气”,直刺人心。可谓字短气长,气贯长虹。又如杜甫《绝句四首(其三)》:“两个黄鹂鸣翠柳,一行白鹭上青天。窗含西岭千秋雪,门泊东吴万里船。”这首诗以轻快的语调写出了明媚秀丽的草堂景色,以抒发诗人重回成都草堂后的愉快心情。此诗一句一意,四句之间没有必然的事项联系,然而却通过“黄鹂”“白鹭”“千秋雪”“万里船”四个意象词的组合拼接,营造出一个清新的意境,表达了一种愉悦情趣,给人以美的享受。明代谢榛评之曰“一句一意,意绝而气贯”(《四溟诗话》),可谓的评。因为他看到了意断而气贯的诗歌妙谛。由此可知,意象是情感的物化形态,是诗化了的物象。我们再举一个古文的例子。一般来讲,按照欣赏习惯,“文气”多倾向于那种勇士临战、势不可当的阳刚之气,较少注意到阴柔之气的美。欧阳修的《醉翁亭记》就是一篇洋溢着阴柔之气的美文。文章突出一个“乐”字,美在一个“醉”字。乐从醉出,醉助其乐。“山水之乐,得之心而寓之酒也。”他从“山水之乐”写到“宴酣之乐”,最后以“太守之乐其乐也”作一收束。全文语调纡徐舒缓,委婉轻快,流露出作者潇洒、怡悦、陶然而旷达的心情。文章语句圆熟,音韵和谐,犹如老友品茗,对床夜语,尤其连用二十一个“也”字,使文气优雅舒缓,委曲婉转,节奏声律,回环往复,字里行间洋溢着作者悠然闲雅、舒畅惬意的情态。宋代陈模《怀古录》中评论说“‘也’字深得其体,虽只是叠‘也’字,却落落地一气相属,不觉藏得许多功夫”,可谓深中肯綮。

庄子在《知北游》中提出了“美者神奇”的命题。他说:“生也死之徒,死也生之始,孰知其纪!人之生,气之聚也;聚则为生,散则为死。若死生为徒，吾又何患！故万物一也，是其所美者为神奇，其所恶者为臭腐；臭腐复化为神奇，神奇复化为臭腐。故曰：'通天下一气耳。'圣人故贵一。"

庄子这一论述"气"的名言，主要是讲生死聚散、万物齐一以及"死生为昼夜"(《至乐》)的生死循环问题。他把人的生命视为神奇，把死视为臭腐，神奇与臭腐之间的转化全靠气的推动，故圣人重视"一"(气)。庄子在这里把人的生命视为美，把死视为丑(恶)，这样就把人的生死问题和艺术中的美丑联系了起来。关于美丑，在庄子那里是相对的、统一的，二者并无根本差别。《庄子·山木》中说："其美者自美，吾不知其美也。其恶者自恶，吾不知其恶也。"郭象注曰："彼之所美，我之所恶也；我之所美，彼或恶之。"庄子的这一论述，包含有两层意思，其一是从道(气)的层面上看，美和丑没有根本差别，都是"气"的不同功能的表现。阳气轻清为美，阴气重浊为丑。气聚为生，是美；气散为死，是丑。故庄子说："厉(丑)与西施(美)，恢恑憰怪，道通为一。"(《齐物论》)其二是美和丑是一对对立统一的美学概念，换句话说，就是美中有丑，丑中有美，美与丑在一定条件下，可以互相转化，即"美玉出乎丑璞"(晋葛洪语)的道理。所以《淮南子》中说："嫫母有所美，西施有所丑。"北齐刘昼《刘子》又进一步提出"美丑无定形，爱憎无正分"的观点。他认为美丑虽然是客观存在的，但人的认识却各有不同，"性有所偏，执其所好而与众人相反"。法国雨果也有类似看法，他认为事物既对立而又共存，是以对比的形式表现出来的，艺术家的任务就是要再现这个对比，"使人们带着一种更新鲜更敏锐的感觉朝着美而上升"，并说"丑就在美的旁边，畸形靠近着优美，粗俗藏在崇高的背后，恶与善并存，黑暗与光明相共"(引自《克伦威尔》序言)。

审美活动是一种以意象世界为对象的心理活动，是对审美客体的发现、认识、感知、体验的实践活动。审美常与审丑相伴，往往是把丑作为美的对立面加以审视。因此，审美领域就包含着审丑。这种美丑相互依存又相互对立的关系，反映在艺术中常常表现为两种形式：第一种形式是“外美内丑”，即“金玉其外，败絮其中”（刘基《卖柑者言》），《红楼梦》中的王熙凤就是这样一个艺术典型；第二种形式是“外丑内美”，即“美玉出乎丑璞”，雨果的名著《巴黎圣母院》中的独眼、驼背、跛脚的卡西莫多就是这样一个典型形象。在我国先秦时期的哲学中，就已经有了美丑概念。《周易》中的吉凶祸福观念，《左传》中的“铸鼎象物……使民知神奸”，孔子的美善邪恶、“恶紫之夺朱”，老子的“大巧若拙”，庄子的“厉与西施”，等等，就是那个时代先哲们对于美丑的理性认识。我们以“丑石”意象为例加以说明。荒山丑石，大小不一，歪歪斜斜，畸形丑怪，按照美学中对于形式美的要求，诸如对称、匀称、比例、统一、和谐等要素，那么这些荒石应为“丑”。但是经过园林家的奇巧创构，把荒石堆叠成假山湖石，或瘦，或漏，或皱，或透，或顽拙，化臭腐为神奇，则天下名山之雄奇挺秀，苍硬顽涩，玲珑秀润，清幽雅趣则可拢于一园，清池幽石就有了生命，虽由人工而天巧宛然，欣赏者自生“濠濮间想”（《世说新语》）。清郑板桥在题《画石》中说：“米元章（米芾）论石，曰瘦、曰绉、曰漏、曰透，可谓尽石之妙矣。东坡又曰：‘石文而丑。’一‘丑’字则石之千态万状，皆从此出……燮画此石，丑石也。丑而雄，丑而秀。”宋代杜季阳也是一位石痴，他在《云林石谱》序言中说：“天地至精之气结为石，负土而出，状为奇怪……虽一拳之多，而能蕴千岩之秀。”在郑板桥看来，“丑石”并不丑，丑石不仅有雄奇之美，还有秀拙之美。雄奇之美是阳刚之美，是壮美；秀拙之美是阴柔之美，是优美。也就是苏轼所谓的“石文而丑”。所谓“文”即纹,原指华丽色彩的丝绸,用“文”形容石,当指那些光滑圆润、玲珑剔透的晶莹彩石,若从石文化的意涵来解析,石之“文”就蕴含着雅、静、清、闲、淡、幽等诸多文化元素,属于阴柔美的范畴。所谓“丑”,即指丑怪、丑陋、衰朽、残缺、畸形等,属于丑陋范畴的事物。“丑石”的文化意涵应当包括突兀、奇崛、虬曲、顽硬、倔强、粗犷、幽冷、古拙等文化元素,其审美属性属于阳刚之美。正所谓“天地有阴阳,万物有美丑”。然而在中国的石文化中,从六朝以降,文人们多钟情于“丑石”。诸如园林中的清池怪石,绘画中的枯树荒石,诗歌中的白云幽石,激流危石,古建筑中斑驳的石墙,以及幽街深巷中的坎坷残破的条石路面,使你在荒残丑怪中体会到其中的历史风云和时间印记。古而拙是阳刚之美,是“丑石”之美的文化意涵,因为它让你看到了时间的痕迹,看到了历史的风烟,在突兀奇崛中感到了强劲顽拙的生命力。正因为历经千年风雨,顽石才有了千疮百孔、丑怪百态。然而尽管它奇崛丑怪,却依然突兀而立,以它的峥嵘面目来显示它的顽强存在,这就是庄子“神奇复化为臭腐,臭腐复化为神奇”的大道理,也是老子“大巧若拙”的大智慧。赏顽石犹与往古对话,地老天荒,千秋如对,大化流行,生生不已。水滴石穿丈量着人生,岁月风烟使磊磊之石变得厚重,面对古石,方知人乃时间过客,所以说它“令人古”。由石的审丑引申到其他艺术门类,则产生了书画艺术中的“熟后生”,雕刻艺术中的“残缺美”,这些不依规矩、超越法度的艺术追求,正是艺术中的“至境”。所以清刘熙载说:“怪石以丑为美,丑到极处,便是美到极处。”(《艺概·书概》)这是在更高层次上对丑中之美的审美观照。由此可以看出,美和丑既是客观存在,又可以互相转化,还可以因人而异。所以,柳宗元说“美不自美,因人而彰”(《邕州柳中丞作马退山茅亭记》),法国雕塑家罗丹说“世上不缺少美,而是缺少发现美的眼睛”(《罗丹艺术论》),说明美和丑因人而异。

在我国古代诗歌中,这种美丑共存、化丑为美的例子可以说俯拾皆是。晚唐诗人李商隐就有“秋阴不散霜飞晚,留得枯荷听雨声”(《宿骆氏亭寄怀崔雍崔衮》)的诗句。诗的原意是写诗人寄宿骆氏亭,孤寂之中思念远方的朋友,故借诗以抒怀。诗中用了枯荷意象。枯荷与初发芙蓉相对,它属于枯树残花一类的“丑”。诗人把孤寂的情感附丽于枯荷之上,以抒发其落寞情怀,应当说是“索物以托情”(李仲蒙语),情景相称。我们需要讨论的是,“丑”的枯荷意象何以会产生美的审美效果?试从以下几个方面加以分析:第一,枯荷是残花,是花的最后,是花的老境,是历经风雨后的晚霞,是深秋风霜中的红叶,越到老境就越发显得古拙苍劲,成熟与厚重。中国书法提倡老、辣、生、拙,绘画提倡荒、寒、苍、古。我们之所以能在幽池枯荷中体味出成熟美与厚重感,正是因为那些丑枝败叶中蕴含着一个看不见的“时间”。“时间”既是一个物理概念,更是一个古老的哲学概念。古希腊时期的哲学家奥古斯丁曾说:“那么时间究竟是什么?没有人问我,我倒清楚,有人问我,我想说明,便茫然不解了。”(《忏悔录》)说明“时间”乃是一个可感而不可知的哲学谜题。在中国上古时期的《击壤歌》中说“日出而作,日落而息”,当时人们用“日出”“日落”来丈量时间,但这只能说明对时间的感觉,太阳是一个参照物,而非时间本身。老子在谈到“道”时说:“有物混成,先天地生。寂兮寥兮,独立而不改,周行而不殆,可以为天下母。吾不知其名,字之曰‘道’,强为之名曰‘大’。大曰逝,逝曰远,远曰反。”(《老子·第二十五章》)其中的“逝”就提示着时间的存在和流动。孔子是中国第一个“叹逝”的智者,他说“逝者如斯夫,不舍昼夜”(《论语·子罕》),他从永无休止的流水中体验到了时间的流动性。这和希腊哲学家、诗人赫拉克利特所说的“一个人不可能两次踏进同一条河流”(《残篇》第九十一)有着惊人的相似。英国著名物理学家牛顿对时间的概念说得更加明确:“我们通常就用诸如小时、日、月、年这种量度以代替真正的时间。”(《牛顿自然哲学著作选》)在中国古代用来表示时间概念的就有“久”“时”“逝”“岁”“日月”“春秋”,等等。但是最早也最完整的时间概念则应当是“宙”,它最早见于战国时的《尸子》:“四方上下曰宇,往古来今曰宙。”这个“宙”涵盖了过去、现在和未来,是一个完整的线性时间链条。《庄子·庚桑楚》曰:“有实而无乎处者,宇也;有长而无本剽者(末梢),宙也。”在庄子这里,“宙”是一个无始无终的无限长的时间概念。时间的无限性与生命的有限性常常使文人们发出时光易逝、人生短暂的感叹。所以紧接着庄子就说:“有乎生,有乎死,有乎出,有乎入。”把时间的无限性与人的生死联系起来。喜生恶死为人之常情,人之有死也是千古不易。也可以说正因为有了死,人生才有意义,如果人人长生不死,生命也就失去了存在的价值。因此,这也引起了中外哲学家对于死亡的叩问。基督教文化里有了“天堂”;佛教文化里有了“彼岸”;中国的孔子对“死”采取回避的态度,他说“未知生,焉知死”(《论语》),语焉不详。孟子《鱼我所欲也》曰:“生亦我所欲,所欲有甚于生者,故不为苟得也;死亦我所恶,所恶有甚于死者,故患有所不辟(避)也。”意在强调舍生取义的重要性。以老庄为代表的道家强调自然、自由和快乐。从哲学上说就是追求形而上的“道”,摈弃形而下的“器”。庄子对生死的看法比较达观,他认为人“杂乎芒芴之间,变而有气,气变而有形,形变而有生,今又变而之死,是相与为春秋冬夏四时行也”(《庄子·至乐》)。他认为人的生死就像四季的循环变化一样,不必为生而喜,为死而哀,更不应对死产生畏惧。为了不产生对死的畏惧,他提倡“坐忘”,即“堕肢体,黜聪明,离形去知(智),同于大道”(《庄子·大宗师》)。意即忘却一切也就超越了生死,达到“道”的境界。东晋时期的大诗人、大哲学家陶渊明就是一个受庄子思想影响很深的智者。他以自然的态度对待生,以泰然的态度对待死。他认为“纵浪大化(死亡)中,不喜亦不惧”(《形影神·神释》),“人生似幻化,终当归空无”(《归园田居》其四)。故而宋罗大经说:“乃是不以生死祸福动其心,泰然委顺,养神之道也,渊明可谓知道之士。”(《鹤林玉露》卷五)如果说陶渊明是一个参透了生死的诗人,那么李白应当说是一个用醉酒来忘却生死的诗人。他说“钟鼓馔玉不足贵,但愿长醉不复醒”(《将进酒》),“人生飘忽百年内,且须酣畅万古情”(《答王十二寒夜独酌有怀》),“生者为过客,死者为归人”(《拟古十二首》其九),他用醉酒忘却生死苦乐,沉浮穷达。如同法国诗人波德莱尔所说:“应该永远酒醉不醒,才能感觉不到时间的可怕重荷。”(《波德莱尔诗选》)这是李白诗的同调。以上对时间的探讨,意在阐释李商隐的“枯荷听雨”。意思是说虽为枯荷却可听雨,是一种悠扬清韵的声景美,是枯中见荣的“拙美”。犹如历经风霜后的老树残叶中不落的柿子,夕阳下残叶瑟瑟,柿子灿然,在凋残之中有一种成熟的美,这其中就有一个时间老人在。我佩服西方一位哲人说过的一句名言:“丑感是一种混合的感情,是一种带有苦味的愉快,是一种染上痛苦色彩的快乐。”(李斯托威尔《近代美学史评述》)那枯荷之上的雨情风韵是否就有这样一种美感呢?第二,幽石枯荷,凋花残月,是一种荒残景象,荒寒苍茫中往往含有古意,丑怪虬曲中蕴含着奇崛与顽强。古人所说的“枯中见生”正是这个意思。“古意”意味着旨义的幽隐深曲,令人神往。古木朽枝斑驳剥落是一种荒寂境界,让你在“古木苍藤不计年”(蔡羽题文徵明《仿李唐沧浪濯足图》诗句)的恍惚幽渺中感受到历史的厚重与古远,在丑怪虬曲中看到生命力的奇崛与顽强。在枯荷败叶上“捕捉到那正在消逝的事物中存在着具有永恒意义的东西”（欧文·斯通《凡·高传》）。第三，枯荷听雨是一种幽情雅趣，因为那滴滴答答的秋雨，有节奏地“一叶叶，一声声”（温庭筠语）打在枯荷之上，是一种天籁，是天地间的妙音清韵，犹如海边听涛，幽涧听风，草中听秋虫之鸣，是一种“至乐无乐”的“天乐”（庄子语），远听可入禅境，荡涤灵府，净化心灵，悟觉人生，从雨声中听出对于生命的思考。清张潮《幽梦影》曰：“雨之为声有二，有梧蕉荷叶上声，有承檐溜竹筒中声。”他听懂了生活，听懂了生命，是一个了悟人生，真正参透庄子“坐忘”哲理的方外之人。

1. 我国书法理论中的“气”

在中国古代的书论中，最早出现的是“力”而不是“气”。如东汉书法家蔡邕《九势》所说：“藏头护尾，力在字中，下笔用力，肌肤之丽。故曰：势来不可止，势去不可遏。”东晋书法家卫夫人《笔阵图》说：“下笔点墨画，芟波屈曲，皆须尽一身之力而送之。”这里所说的“力”，是指书法运笔的气力，即笔力骨气。所谓“势”，乃指由笔力所形成的气势、气韵和神气，也即字迹所显示出来的神韵气势和力量，即所谓“势者盛力也”（《说文》徐铉注），是“力美”。清代书法家梁同书《与张芑堂论书》说：“写字要有气，气须从熟得来，有气则自有势。”明代祝枝山云：“情之喜怒哀乐，各有分数。喜则气和而字舒，怒则气粗而字险，哀则气郁而字敛，乐则气平而字丽。情有轻重，则字之敛舒险丽亦有浅深，变化无穷。”纵观历代书家所论，说明书法不可无气，而且“气”又是根据书家当时的感情不同有所变化。老庄哲学认为“道”（气）不可见，它必须附着于有形之器才能显示出来。书法作品中的“气”，是通过点、画、撇、捺所组成的字，以及字与字、行与行之间的相互呼应、笔断气连、浑融和谐的框架结构来呈现。也即通过墨迹的虚实、枯润、浓淡、刚柔、纵敛、动静等既对立又相对平衡的美学法则，所创造出的或古雅方正，或玄远飘逸，或大气磅礴的墨趣境界。如苏轼所书写的《醉翁亭记》中“渐闻水声潺潺”一句，他恣意地拖长了“聲”字的尾笔，一气贯注，神完气足，表现了他当时沉浸于文意之中，忘情于山水，畅情忘怀，洒脱而大气地舒展其愉悦之情，此可谓“喜则气和而字舒”也。又如颜真卿《祭侄文稿》，那种横涂竖抹、枯润相间、点画狼藉、大小参差的书作，是一幅虽无意作书，却笔笔不失矩度的畅意书写，使人感到有一股苍凉悲愤之气充溢其间，此则为“怒则气粗而字险”也。

2. 我国绘画理论中的“气”

在绘画中气和力有关，侧重于表现内在的力度美；韵和神有关，侧重于表现外在的神态美。比如画山水要讲究气韵、气象和气势；画人物要讲究精神气质、胸襟气度；画花鸟虫鱼要有生气、情绪，所谓“画花花带笑，画鸟鸟如生”（当代画家晋葆良语）是也。另外，绘画也是画家本人气质和情感的流露。诚如元代画家倪云林所说：“余之竹，聊以写胸中逸气耳，岂复较其似与非，叶之繁与疏，枝之斜与直哉？”（《跋画竹》）美国符号论美学家苏珊·朗格在她的《情感与形式》一书中说：“艺术是人类情感符号的创造。”由此看来，绘画是人类“情感的宣泄”（凡·高语），在这一点上东西方是一致的。

我国五代画家荆浩《笔法记》云“画者，画也。度物象而取其真物之华”，又说“似者得其形，遗其气；真者气质俱盛”。这里的“真”就是指绘画中的“神”。他又说“气者，心随笔运，取象不惑；韵者，隐迹立形，备仪不俗”。这里的“气”乃指引领绘画全程的精神力量，这样才能抓住对象的本质（真），不为现象所迷惑。因而也就不会“得其形，遗其气”。王充认为“气须形而知”（《论衡》），也就是说只有把客观对象的本质精神外化为实体形象，人们才可以看到。《庄子·齐物论》说：“夫大块噫气，其名为风。”《吕氏春秋·音律》曰：“天地之气，合而生风。”风乃气之聚，风不可见，然而却有能量，即荀子说的“不见其事而见其功”（《荀子·天论》）。如何在画面上把“风”画出来呢？清代江湜诗云：“柳枝西出叶向东，此非画柳实画风。风无本质不上笔，巧借柳枝相形容。”（《服敔堂诗录》）说明“气”的无形而有能量的特质，它必须借助于形象才可以显示出来，可谓匠心独运。

纵观中国绘画史，从原始岩画、仰韶彩陶图形、殷周青铜纹饰，以及汉代画像砖，无不显示出早期绘画的稚拙与“童趣”。早期绘画不是为了赏玩，而是为了实用。潘天寿说：“吾国唐虞以前之绘画，纯为出于人类现实生活之要求，其意义全在于实用。”“唐虞而后，夏商继起，绘画之思想渐见范围于礼教之下。”（潘天寿《中国绘画史》）《鱼龙河图》云：“黄帝遂画蚩尤形象，以威天下。”《风俗通义》云：“《黄帝书》：‘上古之时，有荼与郁垒昆弟二人，性能执鬼，度朔山上立桃树下，简阅百鬼，无道理，妄为人祸害，荼与郁垒缚以苇索，执以食虎。’于是县官常以腊除夕，饰桃人，垂苇茭，画虎于门，皆追效于前事，冀以卫凶也。”《玉海艺文校证》云：“独周公有大勋，劳于天下，乃绘像于明堂之墉。”从以上所征引的资料，可以看出我国早期绘画或示威严于天下，或以仙木御鬼避祸，或褒赏功德，等等，说明我国早期绘画既含有原始宗教意义，又具有礼教功能。这种出于功利目的的绘画，应当说正是我们祖先对于绘画的基本认识。例如我国 1978 年在青海出土的新石器时代彩陶盆纹饰中的舞蹈图案，五人一组，共有三组，手拉着手，面向一致，动作协调，轻盈齐整，稚气可掬，充满生命的活力。这幅图案被许多学者认为是初民劳动之余的欢乐歌舞。然而美学家李泽厚则认为它们是图腾活动的表现,具有严肃的巫术作用或祈祷功能(见李泽厚《美的历程》)。如果此一说法言之有据,那么则说明原始绘画确实具有一种宗教巫术礼仪的符号意义。又如,我国在夏商之际,青铜器已开始使用,青铜艺术也随之繁荣起来。青铜器的艺术成就在于它从实用发展为祭祀礼器。在钟鼎彝器上有鸟形、鱼形、云雷纹、卍字纹、回字纹,或以螭龙为柄盖,形象各异,姿态稚拙。说明此一时期的青铜纹饰已经非常精工。在这些精美图形中"无不寓警戒诱掖之意"(潘天寿语),是范围于礼教之下的。那些作为祭祀礼器的青铜器,都是为了铭记战功,夸耀战争胜利而献给祖先的祭礼,是一种权力的象征。《左传》成公十三年说"国之大事,在祀与戎",说明在那个以屠杀、掠夺、奴役、压迫和剥削为常规的历史时期,祭祀祖先,祈求神祇,炫耀暴力,显示威武,渲染血性的野蛮,应当说正是那一历史时期的正常历史课题。那个吃人的饕餮纹饰正是在这一历史背景下产生的。《吕氏春秋·先识览》载:"周鼎著饕餮,有首无身,食人未咽,害及其身。"把吃人饕餮形象加以炫耀,把最凶残的形象展示出来,无疑是对"敌人"的威慑和恫吓,当然对本氏族的族群也具有"神力"的保护意义。这个凶残野蛮、阴沉恐怖、威严而又诡异的神秘形象,正是历史前进中神秘超人力量的显示。所以说饕餮纹饰所显示的超人力量,正是早期人类在血与火的蛮荒时代砥砺前行中所表现出的狞厉美。因为它反映的是那个时代的真实面貌和精神实质。它作为一种象征性符号,指向了这种"怪物"形象以外的神秘力量。正如王庆生在《绘画:东西方文化的冲撞》一书中所说:"原始艺术的目的,并不在于创造愉快的形象,而是要创造一种超凡的力量,可以对那些想象中的事物和精灵施加魔力,用非理性的精神和情感震慑统治无理性的身心。"

以上通过对彩陶、青铜器这些早期艺术的简单介绍，可以让我们认识到我国绘画在其自身发展过程中，随着社会的进展，绘画艺术从服务于宗教，到服务于礼教，再到精神自娱和艺术鉴赏，经历了一个漫长的演变过程。从仰韶文化时期的彩陶纹饰中，我们可以看到奔驰的鹿，游动的鱼，流水的波浪纹、旋涡纹，以及力挽满弓的射猎图像，等等。那种力量、运动、速度所展现出的气势，虽古拙幼稚，但却雄浑厚重，那种力量的美，使我们感受到先民对于生命力的狂热张扬。青铜器中的饕餮纹饰、夔龙纹饰，以及虎吃牛、鸟啄鱼、人面含鱼等图像，我们不仅能从中感受到那个充满血性和野蛮的时代气息，而且还能够被那种凶残、恐怖、狰狞所折射出来的神秘而诡异的超凡力量所震撼。你会在恐惧、威吓之下产生一种畏惧感和震慑力。这种贯穿于形象之中的精神力量，就是绘画中的所谓“真气”。“气乃力也”（王充语），通过力显示气。清代画家郑板桥就主张在绘画中要直抒真气，表达真意，予人真趣。他批评当时的一些文学作品了无真气，他说“其他歌诗辞赋，扯东补西，拖张拽李，皆拾古人之唾余，不能贯串，以无真气故也”（《潍县署中与舍弟第五书》）。与他同时代的画家张维屏在《松轩随笔》中曾极力称赞郑板桥说：“板桥人令有三绝，曰画，曰诗，曰书。三绝之中有三真，曰真气，曰真意，曰真趣。”今人梁江先生在《艺术鉴赏》中说：“山水画中靠笔取气，靠墨取韵，通过思而取物之真。”可见，所谓“真气”，乃指绘画中的生命力，是精神本质的呈现。

上面我们讨论了哲学中的气、精气、真气，从《周易》的“精气为物”，《老子》的“其精甚真，其中有信”，以及《庄子》的“夫精粗者，期于有形者也”，重在论述“气”的物质属性。既然有形就必然有象。《周易》曰“在天成象，在地成形”，故有“形象”一词。按照宋王柏《书经疑问》"气亦道也"的观点,那么"气"(道)中是应该有"象"的,《老子》第二十一章就说"惚兮恍兮,其中有象",不过这个"象"是恍惚不清的,是"无中生有""虚中之实"。如陈子昂《登幽州台歌》四句诗,可谓一气贯注,没有比兴意象。但细加玩味,那两个"见"字,一个"念"字,再加上"独怆然而涕下",这一连串动词的主语,岂不正是诗人的形象吗?宋代词人李清照《声声慢》以凄婉之笔把自己因国破家亡、天涯沦落的悲苦遭遇渲染得如泣如诉,感人至深。其中"寻寻觅觅"四字活画出了词人孤寂冷漠的凄凉之"象"。这是一个具有丰富意蕴的"象",它又是一个不见具象的意象,是一个"无物之象"。清代学者方东树在谈到"兴在象外"时,曾以唐代诗人刘长卿《登余干古县城》诗为例,说明诗歌中确实存在这种象在诗外(即兴在象外)的现象。他说:"所谓兴在象外也,言外句句有登城人在,句句有作诗人在,所以称为作者。"(《昭昧詹言》)今人王运熙在赏析陈子昂《登幽州台歌》时也有同样的审美感受,他说:"念这首诗,我们会深刻地感受到在这个图景面前,兀立着一位胸怀大志却因报国无门而感到孤独悲伤的诗人形象,因而深深为之激动。"(《唐诗鉴赏辞典》)又如清人孙联奎《诗品臆解》说:"人画山水亭屋,未画山水主人,然知亭屋中必有主人也。是谓超以象外,得其环中。"王夫之也有类似说法,他说:"语有全不及情而情自无限者,心目为政,不恃外物故也。'天际识归舟,云间辨江树',隐然一含情凝眺之人,呼之欲出。从此写景,乃为活景。故人胸中无丘壑,眼底无性情,虽读尽天下书,不能道一语。"(《古诗评选》卷五)童庆炳先生说:"诗句中,并没有人物,但是'隐然一含情凝眺之人呼之欲出',这就是'意象'。"(引自《中华古代文论的现代阐释》)因此,可以说不仅象内之象是意象,而且象外之象也是意象。

老子所说的“无状之状，无物之象”不仅是一个哲学命题，而且道出了艺术的妙谛。艺术中的这类“无物之象”多呈现为虚象，是无中之有，虚中之实。例如贝多芬有一首《月光奏鸣曲》，其中显然没有“月光”，然而那悠扬的旋律却能给人以月光之下清明皎洁的感受；中国古琴曲《高山流水》，是钟子期心领神会中的“巍巍乎若泰山”和“汤汤乎若流水”；小提琴独奏曲《梁祝》，以缠绵悱恻的曲调，柔婉的旋律演绎着象外人物的情感流动。舞蹈中的《采茶舞》，也是全靠演员的比拟，其实并无茶可采；《丰收舞》的收获动作也属模拟，但却让人感受到喜获丰收的欢乐场景。京剧中的《三岔口》表演“夜斗”而无“夜”；《白蛇传》中“水漫金山”却并不见水；《拾玉镯》中小姑娘孙玉姣喂鸡却并无鸡。李渔《闲情偶记》说“虚以实而得形，实以虚而生味”，可谓实得戏剧三昧。在诗歌中，我们前面列举了王维的《送沈子福之江东》，其中“惟有相思似春色”一句，以春色喻相思，可以说是以具象喻抽象。其实那个“春色”也是一个泛指的具象。你可以说它是“千里莺啼绿映红”，也可以说它是“满园春色关不住，一枝红杏出墙来”，还可以说它是“二月春风似剪刀”。“春色”与“相思”比，春色则有具象性，“春色”与“红杏”比，则它又是抽象的，这就是意象的多义性特征。中国绘画最注重“气韵生动”，即指绘画要有生命活力，如果一幅画毫无生气，则是一幅“死画”。比如画树木要具有花木扶疏、枝叶相让的神韵；画流水要具有涟漪相推、光影荡漾的动感，否则就失去了艺术的生命力。顾恺之的《洛神赋图卷》中的洛神，如果没有神女的脉脉含情、流眄顾盼、眷眷不舍、若即若离、虚无缥缈的意境创造，那么这段洛水之滨的人神相恋的画卷，其艺术魅力也将为之减色。南齐谢赫在《古画品录》中首推“气韵生动”，指的就是对于绘画生命力的张扬。传说唐代画家吴道子“观裴将军舞剑而画法益进”

“观其壮气，可助挥毫”（引自朱景云《唐朝名画录》），这则画坛佳话说明绘画犹如书法，从舞剑的线条腾挪飞舞中，在虚实、刚柔、纵敛、疾速的节奏中，悟出了线条的节奏美和韵律美，也就是凭借线条的流动，赋予形象以生命。其中所贯注的就是生命之气，作品就是生命之气的外化。

在中国古代画论中，关于“气”的论述，最著名的是元代画竹名家倪云林的“逸气”说和清代画竹名家郑板桥的“真气”说。倪云林在《答张藻仲书》中说：“仆之所谓画者，不过逸笔草草，不求形似，聊以自娱耳。”所谓“逸笔草草”是指画家潇洒纵逸，随意涂抹，草草点染，故而画之似与不似，不太在意，“聊以自娱”而已。他在《跋画竹》中说：“余之竹，聊以写胸中逸气耳，岂复较其似与非，叶之繁与疏，枝之斜与直哉?”这里所说的“胸中逸气”是指抒发胸中那种悠然潇洒、高雅纵逸之气，是一种逸迈不群、奔放不羁之气。这和倪云林性格狷介、与世不合有关。潘天寿说：“当时在下臣民，以统治于异族人种之下，每多生不逢辰之感。故凡文人学士，以及士大夫者流，每欲借笔墨以书写其感想寄托，以为消遣。故从事绘画者，非寓康乐林泉之意，即带渊明怀晋之思。故所作，以写愁怀者，多郁苍；以写忿恨者，多狂怪；以鸣高蹈者，多野逸，凭作者之个性，与不同之胸怀，或残山剩水，或为麻为芦，以达其情意而已。……故无论山水、人物、花鸟、草虫，非特不重形似，不尚真实，凭意虚构，用笔传神，乃至不讲物理，纯于笔墨上求意趣，实为元代画风之特点。”（《中国绘画史》）

郑板桥所追求的“真气”，乃是绘画生命力的体现，是绘画艺术生命的本质，也是画家思想感情的真实表露，所以决不刻意追求形似，“谨毛失貌”，也不依样画葫芦，一味因袭古人。从这一层面上来说，郑板桥画竹是对他自己人格的真实写照，也是对他人生世界的抒写，他能从“萧萧竹”中听到“民间疾苦声”，所以他画的竹就刻意追求清瘦、劲节。所谓“真气”，是对绘画精神本质的追求，画西施之美，虽粗服乱头，也不掩国色；画姜太公宰辅之气，虽“戴笠持杆，仍不失宰辅器宇”（清郑绩语）。也就是说画出了人物的内在气质（真气）。明代画家陈继儒说：“写梅取骨，写兰取姿，写竹直以气胜。”（《鲁氏墨君题语》）意思是说，画梅花要画出它的冰清玉洁的风骨，画兰花要画出它的优雅清韵，画竹子则需要把它的挺拔劲节之气画出来。故有“喜气写兰，怒气写竹”之说（元代僧觉隐语）。从《楚辞》的“香草美人”以比君子，到绘画中的“喜气写兰，怒气写竹”，可以看出，一旦自然物象承载了一定的社会意义，那么这个物象就超越了物象本身的意义，而成为意象。

以上我们讨论了庄子的“气”论对艺术的影响，明清之际的王夫之则由庄子的“气”论进一步引申出对于艺术中有无隐显的论述。他在《张子正蒙注·太和篇》中说：“凡虚空皆气也，聚者显，显则人谓之有；散者隐，隐则人谓之无。神化者，气之聚散不测之妙，然而有迹可见；性命者，气之健顺有常之理，主持神化而寓于神化之中，无迹可见。”王夫之认为气聚谓“有”，有则显，气散谓“无”，无则隐。人自然这个“聚散不测之妙”诠释了老子“无中生有”的哲理妙谛。《淮南子·原道训》说“无形而有形生焉”，“是故有生于无，实出于虚，天下为之圈，则名实同居”。说的也是虚实相生的艺术真谛。绘画艺术中的虚实问题，明代孔衍栻《画诀》云：“有墨画处此实笔也。无墨处以云气衬，此虚中之实也。树石房廊等皆有白处，又实中之虚也。实者虚之，虚者实之。”宋代郭思追述其父郭熙遗迹、事实而作的《林泉高致集·山水训》在谈到绘画中虚实手法的运用时说：“山欲高，尽出之则不高，烟霞锁其腰则高矣。水欲远，尽出之则不远，掩映断其派则远矣。”南宋俞成《萤雪丛说》载，宋徽宗时，尝以“竹锁桥边卖酒家”为题取士，众人无不向酒家上着功夫，唯独一善画者但于桥头竹外挂一酒帘，帘上书一酒字，由此让人想象到竹内有一酒家，得“锁”字意，使“酒帘”这一意象实得隐显虚实之妙。这是一种变逻辑思维为艺术思维，变“无”为“有”的艺术辩证法的妙用。诚如清代笪重光所说：“空本难图，实景清而空景现。虚实相生，无画处皆成妙境。”（《画筌》）笪重光的这一名言，被许多研究“意境”的学者所引用，认为是书画艺术之圭臬，道出了“境生象外”的艺术真谛。其实书画艺术中的“无画处”，也即笔墨不及处的“白”，不仅能产生意境，而且这个没有笔墨处的“白”，也是“画中之画”“画外之画”的意象。它是一个含有丰富意蕴的“白”，是虚中有实的“白”。正如南朝齐王僧虔所说：“情凭虚而测有，思沿想而图空。”（见《书赋》）是一种虚中有实，空中有象的艺术至境。这和晋陆机所说的“课虚无以责有，叩寂寞而求音”是声气相通的。所谓书画中的“白”，应包含“纸素之白”和“画中之白”。艺术的功能就在于不见痕迹的变“纸素之白”为“画中之白”。“纸素之白”无形无象，没有意义，一旦作者把情思附丽其上，它就成了书画的有机组成部分，“惚兮恍兮，其中有象；恍兮惚兮，其中有物”（《老子》第二十一章），“如盐撮水”，似无实有。正如唐代张文所说：“激混混而为地，蔚苍苍而称天。”（见《气赋》）这里虽然是在形容宇宙间的元气，然而其道理也通于书画艺术中的“计白当黑”（见包世臣《艺舟双楫·述书上》）。为了说明书画中的“白”是一个意蕴丰富而又空灵蕴藉的意象，我们不妨以清代华琳所写的《南宗抉秘》中的一段话为例加以说明：

> 黑、浓、湿、干、淡之外，加一白字，便是六彩。白，即纸素之白。凡山石之阳面处，石坡之平面处，及画外之水天空阔处，云

物空明处，山足之杳冥处，树头之虚灵处，以之作天，作水，作烟断，作道路，作日光，皆是此白。夫此白体笔墨所不及，能令为画中之白，并非纸素之白，乃为有情，否则画无生趣矣。然但于白处求之，岂能得乎？必落笔时气吞云梦，使全幅之纸皆吾之画，何患白之不合也，挥毫落纸如云烟，何患白之不活也。……画中之白，即画中之画，亦即画外之画也。

这段文字把画论中“计白当黑”的理论讲得非常清楚。“画中之白”并非空无，它可以是天、是地、是云、是烟、是雪、是水、是光，是看似空无而实有的空灵意象。庄子曰“气变而有形，形变而有生”（《至乐》），可以说，这是对绘画中“画中之白”“画外之画”，以及诗歌中“只睹性情，不立文字”（皎然语），书法中“墨断神连”，音乐中“此时无声胜有声”等在哲学上的理论阐释。众所周知，想象是艺术的翅膀，形象思维离不开艺术想象。意象思维是一个情景交融的感性世界，当然也离不开艺术想象。在谈到绘画意象时，我们不能不提到凡·高的名画《农妇的鞋》。德国哲学家海德格尔在他的《艺术作品的本源》一书中，对凡·高的这幅名画作了精彩的艺术想象，兹录于下：

从鞋具磨损的内部那黑洞洞的敞口中，凝聚着劳动步履的艰辛。这硬梆梆、沉甸甸的破旧农鞋里，聚积着那寒风陡峭中迈动在一望无际的永远单调的田垄上的步履的坚韧和滞缓。鞋皮上粘着湿润而肥沃的泥土。暮色降临，这双鞋底在田野小径上踽踽而行。在这鞋具里，回响着大地无声的召唤，显示着大地对成熟的谷物的宁静的馈赠，表征着大地在冬闲的荒芜田野里朦

> 胧的冬冥。这鞋具浸透着对面包的稳靠性的无怨无艾的焦虑，以及那战胜了贫困的无言的喜悦，隐含着分娩阵痛时的哆嗦，死亡逼近时的战栗。

海德格尔的丰富想象，让我们体会到凡·高不是在画鞋，而是在叙写农妇的艰辛生活和命运，他画出了农妇的世界。正如著名画家毕加索所说：“画家不能光画他所看到的东西，而必须要画出他对事物的认识。”（宗白华《欧洲现代化画派论选》）我国美学家叶朗说：“这不是一双作为物理存在的鞋或有使用价值的鞋，而是一个完整的充满意蕴的感性世界。”（引自叶朗《美在意象》）我们从这幅名画《农妇的鞋》中，领悟到了凡·高画鞋的意蕴。这就是审美意象，这就是美。

第二章

意象理论产生的文化渊源

一、中华文化形成的特点

中华文化是中华民族历史的投影和积淀，它的形成主要受到三方面因素的影响：一是地缘文化；二是血缘文化；三是儒家文化。

（一）地缘文化的特点

具有5000多年文明史的中华民族发源于黄河流域，这里土地肥沃，水资源丰富，为早期农业生产提供了极为便利的物质条件。它的北方有常年冰封的西伯利亚荒原，由西到南环绕着大漠荒沙和喜马拉雅山脉，东临浩瀚的汪洋大海，形成了一个半封闭的内陆环境。这一地域特点使得中华民族很少也很难与外界交往，只能采取以氏族公社、地主庄园、宗族式家庭为单位，进行自给自足的自然经济模式。自然经济模式最突出的特点有二：一是直接从自然界获取现成的食物，如采集野果、捕猎野兽；二是一切生产活动都是为了满足自身和家族成员的物质需要，而不是为了交换和积累。随着社会的发展，生产力的提高，家庭生产有了部分剩余，需要拿来换取一些自己不能生产的生活必需品，这才有了"抱布贸丝"（《诗经·氓》）的商业活动。这种商品经济之所以未能发展为中华民族占统治地位的经济，原因虽然很多，但主要是受儒家重义轻利、知足常乐思想的影响，以至于长期以来统治阶级都是采取重农抑商的政策，故而自然经济模式长期以来在中国始终占据着主导地位，并成为我国传统社会的基本特征之一。基于这种半封闭式的地域文化上的特点,使得中华民族懂得了一个道理,那就是要想生存并得以发展,就必须依靠自身力量去克服来自自然和社会各方面的种种困难,营造出一个和谐有序的社会环境。正如《周易》所说"天行健,君子以自强不息",这种"自强不息"的精神就是中华民族的基本精神。所以我们的民族自古就有吃苦耐劳、自力更生、奋发图强的优良传统。中国古代神话里的"精卫填海""后羿射日",以及寓言故事里的"愚公移山"等,都是这种"自强不息"精神的反映。当然,由于半封闭的自然环境也使中华民族思想里滋生出一些错误观念和陋习,阻碍了社会文明的发展。张岱年把那些阻碍中国社会文明前进的错误思想归纳为两点,"一是因循守旧,不愿变革的思想。二是悠闲散漫的习惯"(《文化与哲学》)。我认为还应当加上"愚昧落后"和"自私自利"两点。从鲁迅先生的小说《药》里面所描写的那个华老栓用人血馒头治病的情节中,我们不难看到当时国民思想里愚昧落后、不讲科学的一面,又可以看到以华老栓为代表的当时国民思想中那种极端自私的"劣根性",即"只要能治病,不管它是谁的血"。这种自私到了麻木状态的精神面貌,正是真理和正义这种先进文明的死敌。

(二)血缘文化的特点

在人类社会中,人与人之间的关系是多层次的,而其中最基本、最原始的是人与人之间的自然关系,即以婚育为前提所形成的血缘血亲关系。这种自然形成的血缘关系经过长期积累积淀和强固,逐渐渗透到中国传统社会的政治、经济、文化等各个方面,并固化为中华民族的意识形态,进而演变为一种血缘宗法制度,这一制度延绵数千年不变,成为牢笼人们思想的行为准则,这是中国传统社会的又一基本特征。

恩格斯在《家庭、私有制和国家的起源》中就认为：国家是由氏族组织逐渐演化而来的，而氏族组织则是血缘关系的结合体，这样就使国家这一政治实体免不了要带有血缘的成分。在中国，其渊源最早可以追溯到父系氏族公社，也即男子在家庭中起主导作用开始，血统从父计算，财产由父亲继承。应当说这就是血缘宗祖制的雏形，我国夏禹之后所开启的天子世袭制是我国“家国天下”的开端，所谓“普天之下莫非王土，率土之滨莫非王臣”，“国”就是天子的“家”。家庭是由一姓一氏组成的，同祖共宗，这就是中国的家长制。由家庭的家长制到国家的世袭制，全由血缘关系这根纽带联系着，这样由孝亲到忠君则成为自然而然的伦理规则，三纲五常也就成了人人必须遵守的宗法制度。在皇帝代表国家的年代里，忠君就是爱国，对于一个民族来讲，这样则可增强凝聚力、向心力，团结御辱，共同对敌。正如范仲淹在《岳阳楼记》中所说“居庙堂之高，则忧其民；处江湖之远，则忧其君”，这里的“君”就是代指国家而言的。这种由血缘而形成的宗法制度其负面影响也是极为深远的。其主要表现有三点：一是尊官贵长的陈旧传统与民主精神的冲突。这主要表现为“长官意志”与群众智慧的冲突，“一言堂”与“群言堂”的冲突。二是因循守旧的陈旧传统与革新精神的冲突。也就是说凡是祖宗立下的规矩，后人是不可违背的，哪怕是陈规陋俗也不能改变，如妇女缠足、男女授受不亲。另外，中国自古就有“避讳文化”的传统，《春秋穀梁传》曰“为尊者讳耻，为贤者讳过，为亲者讳疾”，孔子也讲过“父为子隐，子为父隐”的话。所谓“讳”“隐”，就是隐瞒。尊者、贤者、亲人办了丑事，你要为他隐瞒，这才是做人的原则，否则就会打破社会秩序的安定，这显然是既不科学又不公平的。西方文化讲求探索未知世界的科学精神，古希腊哲学家苏格拉底、柏拉图、亚里士多德是三代师生关系，但是他们在哲学思想上既有继承性，更具有差异性。正因为他们具有这种敢于挑战前贤，标新立异的创新精神，才使得西方近世纪以来在科学方面远远超过中国。所以亚里士多德才有了"吾爱吾师，吾更爱真理"的名言。中国则不然，西汉董仲舒提出了"天不变，道亦不变"的命题。意思是说天是永恒不变的，作为维护封建社会秩序的"道"（指三纲五常）也是不能变的，即"王道之三纲，可求于天"（《春秋繁露》）。这就给封建君主统治提供了理论依据。因此在中国传统文化中，"尊经""崇古""征圣"就成了思维定式。在西方言必称希腊，在中国言必称孔孟则成为人们思想行为的圭臬。三是家庭本位与个性自由的冲突。家庭是以血缘血亲为纽带的最小社会单位，在家庭里基本上是由两部分人组成，即长辈与晚辈。家庭里人与人之间的关系、人与财产的关系均应由家长主管，这就是中国式的家长制。家长对子女有养和育的责任和义务，所谓"养不教，父之过"指的就是这种责任担当。需要指出的是，长辈必须以正确的思想、正确的方法"因材施教"，不能要求子女绝对服从。因为长辈的意见未必都是绝对正确的。古今中外，子女按照自己意志去发展、去闯荡而成功的例子不在少数，就是明证，中国的封建家长制恰恰是对这一自由意志的束缚。反过来讲，子女在阅世经历、人情世故方面毕竟不如父辈丰富，如果一味任性发展，最终很可能走向错误的道路。即使不走向违法犯罪的道路，如果沦落为一个流浪汉、拾荒者，也就谈不上什么人生价值，这就是中国家长制的利弊所在。

（三）儒家文化的主导作用

中国是一个以儒家文化为主导的国家。儒家文化是以孔子为代表,以"仁"为核心理念的伦理道德文化。子曰"仁者爱人","克己复礼为仁"。在《论语》中,"仁"所涵盖的内容十分广泛,诸如温、良、恭、俭、让、仁、义、礼、智、信、孝、悌、忠、慈、恕,等等,都属于仁德的范畴。《论语》以"仁"为纲,以"德"为目,构建出一个体大思精的道德形而上学体系,并以"礼"的形式体现出来,成为规范人的思想行为的道德准则,最终达到"修身、齐家、治国、平天下"的目的。所以说儒家文化是一种积极的入世文化,道理正在于此。下面选取几个有代表性的仁德概念进行分析,借此管窥儒家文化之一斑。

1. 礼与乐

我国的礼乐制度最早应源自祭祀。荀子《礼论》曰"天地者,生之本也;先祖者,类之本也;君师者,治之本也","故礼,上事天,下事地,尊先祖,而隆君师,是礼之三本也"。朝廷敬天地,是为了祈求风调雨顺,五谷丰登,国泰民安。乡党聚会以敬先祖,是为了尊长养老,"尊长养老,而后成教,成教而后国可安也"(《礼记·乡饮酒义》)。既然是一种祭祀仪式,就要有一定的仪式规矩,要按照尊卑贵贱、长幼有序的原则,各就其位,各司其职,不可僭越。也就是《荀子·富国》中所说的:"贵贱有等,长幼有序,贫富轻重皆有称者也。""称",指与身份、社会地位相称的享受。因此说礼就是封建社会中的等级名分制度。《礼记·曲礼》说:"夫礼者,所以定亲疏,决嫌疑,别同异,明是非也。"显然这是在强调礼的社会功能,这就由原来的祭祀礼义演化为协调人际关系的重要制度,即伦理宗法制度。有了这种制度的束缚,人们就会安分守己,国家就会稳定。

"乐"应当说也是源自祭祀,因为祭祀时是要奏乐的。"乐"的起源很早,据《汉书·礼乐志》记载,黄帝乐曰"咸池",颛顼乐曰"六茎",帝喾乐曰"五英",尧乐曰"大章",舜乐曰"招",禹乐曰"夏"。西周时期,周公制礼作乐,形成了比较完善的礼乐制度。按照《孝经》的解释是:“安上治民,莫善于礼。移风易俗,莫善于乐。”意思是说,礼是为了建立正常的社会秩序,维护社会稳定;乐是为了改善社会风俗,使民以和为贵,和睦相处,安定社会。也就是孔子所说的“故乐者,所以崇和顺,比物饰节,节奏合以成文,所以和合父子君臣,附亲万民也。是先王立乐之方也”(《白虎通·礼乐》)。简言之,就是“礼以节外,乐以和内”,在内心情感上达到和敬、和顺、和亲。

2. 孝和忠

孝是中国人的传统美德,也是儒家文化中的重要理念。《孝经》是儒家文化的重要经典,它强调“身体发肤,受之父母,不敢毁伤,孝之始也”(《孝经·开宗明义》)。发肤之不敢毁伤,是出于对父母的尊敬,所以孟子说“惰其四肢,不顾父母之养,一不孝也”(《孟子·离娄下》),这说明“事亲”是由感恩父母之养育引申出来的。《孝经》又说“夫孝,始于事亲,中于事君,终于立身”,应该说这才是历代封建统治者以孝治天下的宗旨。“事亲”是为了家庭和谐,“事君”就是要把家庭中孝亲的精神移植到朝廷上“事君尽忠”,也就是把“父慈子孝”的关系变成“君使臣以礼,臣事君以忠”(《论语·八佾》)。最后还要“立身”。什么叫“立身”呢?即树立己身,通俗地说就是因自己事业有成而光宗耀祖,名垂千古。“扬名于后世,以显父母,孝之终也。”(《孝经》)应当指出的是,儒家的孝文化是一种把“孝道”观念和“忠君”思想融为一体的道德伦理文化,是为统治阶级“平天下”服务的。后世儒生们为了维护封建统治政权,进一步钳制人民思想,编造出“君要臣死,臣不死是为不忠;父叫子亡,子不亡则为不孝”的警世“格言”(有人以为此言出于汉代董仲舒,考之无据)。其实这是对儒家孝文化的极端化阐释,是典型的“愚忠愚孝”的奴化思想。可惜的是,在我国封建社会里,庙堂之上死于愚忠之臣代不乏人,民间死于愚孝之子比比皆是。我们不妨以儒家的代表人物之言论来论证儒家孝与忠的真实含义。

孔子说:“故当不义,则子不可以不争于父,臣不可以不争于君。故当不义,则争之。从父之令,又焉得为孝乎?”(《孝经·谏诤章》)

孟子说:“君之视臣如手足,则臣视君如腹心;君之视臣如犬马,则臣视君如国人;君之视臣如土芥,则臣视君如寇雠。”(《孟子·离娄下》)

荀子说:“从道不从君,从义不从父,人之大行也。”(《荀子·之道》)

鲁哀公问孔子:“子从父命,孝乎? 臣从君命,贞乎?”孔子没有正面回答,后来他对子贡说:“子从父,奚子孝? 臣从君,奚臣贞? 审其所以从之之谓孝,之谓贞也。”(《荀子·子道》)意思是说要看当时具体情况、具体内容,进行具体分析,父行合于义则要听从,不合于义则要谏争,不能盲从,这才是真正的“孝”和“忠”。

3. 义与利

中国儒家文化是一种伦理道德型文化,其核心理念“仁”说到底就是如何“做人”。从儒家所提倡的孝、和、善、温、良、恭、俭、让、礼、仁、义、智、信等,都是围绕着一个“德”字教育人民。儒家的政治原则也是从伦理道德中推导出来的,也可以称之为“德治”政治。正如我们在前面阐释的孝文化,就是由家庭中的“孝亲”推导出国家层面上的“忠君”,顺理成章,天经地义。2000 多年来,其影响之深远可以说是无所不在,竟或成为我们中华民族的理想人格、思维方式、价值取向、社会心理诸多方面的道德规范和行为准则。

“义”和“利”是一对对立统一的伦理道德概念,是儒家文化中重要的道德范畴。先说“义”。《说文》释为“己之威仪也”;《中庸》说“义者,宜也”,孔颖达疏曰“宜谓遇事得宜”,唐韩愈《原道》中说“博爱之谓仁,行而宜之之谓义”。依照古训的原意,“义”应当指适宜,合理讲。孔子说“礼以行义,义以生利,利以平民,政之大节也”,即礼制是为了处理事情合理,处理合理了人的心理就平衡了,人民有了积极性就能创造出更多的利。人民获得了利益,社会就安定了,这是政治的大节。另外,“义”还应当包含道义的意思,也即符合儒家教义的“仁德”观念。《论语·为政》曰:“见义不为,无勇也。”意思是说你见到符合道义(正义)的事,诸如国家有难,路见不平,突发灾难等,你不去作为,不敢担当,这就是怯懦而自私的表现。孔子还说:“君子义以为上,君子有勇而无义为乱,小人有勇而无义为盗。”(《论语·阳货》)在这里,孔子也是把“义”视为君子的最高道德修养来看的。君子如果只有勇而无义,就会犯上作乱,小人如果有勇而无义,就会成为盗贼。孔子还说过“三军可夺帅也,匹夫不可夺志也”(《论语·子罕》),这里虽然没有谈到义,但所谓“匹夫之志”就包含有义的内在精神,即坚持正义之志,死而无悔。正如荀子所说“垂死持义而不挠”(《荀子·荣辱》)。孟子也有类似说法,“生亦我所欲也,义亦我所欲也。二者不可得兼,舍生而取义者也”(《鱼我所欲也章》)。所以孔子说:“见利思义。”(《论语·宪问》)君子见到利,首先应考虑这个“利”是否合乎道义,然后再决定取舍。《孟子·尽心》说:“非其有而取之,非义也。”意思是说,不是你应该享有的,你取得了,就是不义。其次,我们再谈“利”。从字源上分析,刀与禾的组合,应该是指收获农产品,后来引申为凡是给人带来利益的东西(包括物质的和精神的)均称为利。一般来说,儒家是重义轻利的,如“君子喻于义,小人喻于利”(《论语·里仁》),“放于利而行,多怨”(同上),故“子罕言利，与命与仁”（《论语·子罕》）。《孟子·梁惠王上》：“孟子见梁惠王。王曰：‘叟，不远千里而来，亦将有以利吾国乎？’孟子对曰：‘王，何必曰利？亦有仁义而已矣。’”由此看来，儒家是“罕言利”的。但是，“罕言利”的“罕”，朱熹解释为“罕，少也”（《论语集注》），三国时的何晏解释为“罕者，希也”（《论语集解》）。孔子少谈利，并不等于绝不谈利。南朝梁皇侃《论语义疏》就指出“然希者，非都绝之称，亦有时而言与人也”，荀子就承认“虽尧舜不能去民之欲利”，南宋叶适《习学记言》中就更直白地说“既无功利，则道义乃无用之虚语耳”。下面我们举例说明儒家的义利观。

《论语·里仁》曰：“富与贵，是人之所欲也，不以其道得之，不处也。”孔子在这里首先承认富和贵（财富和地位）是人人都具有的欲望，即人的本性，但是想要得到它必须遵从“道”的原则，道即仁。这就是后来演变为明代《增广贤文》所说的“君子爱财，取之有道”，说明儒家也是爱利的。孔子在《论语·述而》中讲得更为直露：“富而可求也，虽执鞭之士，吾亦为之。”

《论语·述而》曰：“不义而富且贵，于我如浮云。”孔子对于那些不符合道义（仁）的富和贵，看得很轻。

《论语·学而》曰：“子贡曰：‘贫而无谄，富而无骄，何如？’子曰：‘可也。未若贫而乐，富而好礼者也。’”这里讨论的是对贫富的态度问题。子贡的态度是贫穷而不自卑，不因贫穷去谄媚讨好别人；富有而不傲慢，瞧不起人。孔子首先肯定了子贡的这种认识，但又提出更高境界的看法，那就是虽然贫穷但精神上却是快乐的。就像他赞扬颜回“一箪食，一瓢饮，在陋巷，人不堪其忧，回也不改其乐”（《论语·雍也》）那样。“富而好礼”是说虽然自己富有了，但更要讲礼仪，坚守仁德。从中我们可以看出孔子的“富而好礼”要比子贡的“富而无骄”

境界要高。

4. 和与同

《论语·子路》记载,孔子说:“君子和而不同,小人同而不和。”什么是“和”呢?即不同的事物和谐与统一。“同”指相同事物的绝对同一。显然,儒家是主张“和”的。也即在不同中求同,在对立中求统一,取长补短,和谐相处。不提倡盲目附和,也不赞成唯我独尊。《左传》昭公二十年记载了齐国晏婴对“和”与“同”的看法,兹录如下:

> 公(齐侯)曰:“和与同异乎?”对(晏婴)曰:“异。和如羹焉,水、火、醯、醢、酱、盐、梅,以烹鱼肉,燀之以薪,宰夫和之,齐之以味,济气不及,以泄其过。君子食之,以平其心。君臣亦然。君所谓可而有否焉,臣献其否以成其可;君所谓否而有可焉,臣献其可以去其否。是以政平而不干,民无争心。……若以水济水,谁能食之?若琴瑟之专一,谁能听之?同之不可也如是。”

这里把“和”比作羹汤,用调料、鱼、肉、菜蔬,以水火加工,做成可口的汤,这就叫“和”,如果只是一种味道,“以水济水,谁能食之?”因为它是“同”。君臣关系也是这样,君说什么,臣也附和,不敢提出自己的意见,上下一致,这就是“同”。如果大臣能提出与国君不同的合理意见,使政策更加完善,这就是“和而不同”。同样道理,音乐也是如此,“若琴瑟之专一,谁能听之?”若只弹一个声(同),不是宫、商、角、徵、羽五声之“和”,那就没人愿意听了。

在中国儒家文化的影响下,尚和心态和尚和思维可以说是深入人心,根深蒂固。“和为贵”的思想是中国人处理人与自然、人与人之间关系的重要准则，它是中国儒家文化的重要内容之一。先秦时期那种小农式的自然经济应当是产生这种尚和心态的“土壤”，以农业为主要生活来源的农民被绑定在他们赖以生存的土地上，世世代代生于斯、长于斯、死于斯，很少流动，安土重迁。他们在生活上、生产上必然会遇到许多个人难以克服的困难，比如你借我家的牛耕地，我借你家犁下种，遇到旱涝灾害则需团结协作，共克时艰。尤其是婚丧嫁娶，更是需要守望相助，互相支援。这种以一家一户为生产单位的自然经济模式，使得人与人之间的关系均需要以和谐的精神来维系，特别是在我国这种半封闭式的自然环境里，无论是家庭关系、邻里关系，还是民族关系都需要以谦和的心态、尚和的思维去处理各类事务。两千多年来这种心理积淀，逐渐成为中华民族的共同心理和思维定式，中国人重人情，讲面子，不伤和气，迁就、忍让等等，都与这种崇尚和谐的民族心理有关。在中国诗歌的长河里流淌着数不尽的乡愁，这种浓厚的家国情怀正是“和为贵”精神的反映，它对中华民族的亲和力、凝聚力的增强大有裨益。

中国儒家的尚和精神的产生，除了受到以自然经济为主导的小农经济模式和半封闭式的自然环境影响外，深厚的文化背景也是一个不容忽视的重要因素。孔子生长在春秋末期奴隶制向封建制转化的社会大变革时期，周王朝已经是“礼崩乐坏”、腐朽不堪。奴隶起义和平民暴动不断发生，社会动荡使人民陷于水火，民心思安就成为时代共识。这时“士”阶层纷纷发表自己的看法并提出自己治理社会的主张，这就是所谓的“百家争鸣”。孔子的思想被称为儒家思想，他提出了以“仁”为核心的一系列稳定社会安定民心的治国主张，例如孔子的“仁者爱人”就是要停止杀戮，爱护生命。“仲尼曰：‘始作俑者，其无后乎！’”（《孟子·梁惠王上》）反对以俑代人殉葬，较之商代以活人殉葬无疑是历史的进步，但是孔子仍然反对，为什么呢？用宋代朱熹的解释是“孟子言此作俑者，但用象人以葬，孔子犹恶之，况实使民饥而死”，由此可以看出孔子“仁者爱人”的仁爱观念。孔子还提出“礼之用，和为贵”（《论语·学而》）的尚和观念。这种尚和观念最终追求的是社会和谐，人民生活安定，因为任何统治者都知道贫富不均是社会动荡的根本原因，所以解决贫富不均的最佳方案就是“和为贵”。这里的“和”就是指对财富的分配既合理又恰当、适宜。怎样才算“合理”“恰当”呢？儒家提出了“先王案为之制礼义以分之，使有贵贱之等，长幼之差，知愚、能不能之分，皆使人载其事而各得其宜”（《荀子·荣辱》）。意思是说先王制定礼仪，分别等级，从而使人人都能按其等级差别，得到适宜其身份的恰当的财富，社会就能各安其分，和谐不争，和睦融洽。礼的作用就是制定一个贵贱有别、长幼有序的合乎封建礼教的和谐有序的社会制度，这个制度的核心思想就是“和为贵”。同时必须指出，“和”是相对的，世界上没有绝对的“和”，也就是说没有绝对的“合理”“适宜”。所以在这一章里提出“和为贵”之后，孔子紧接着就提出两个“不行”（不宜行得通），一个是“大小由之，有所不行”，另一个是“知和而和，不以礼节之，亦不可行也”（《论语·学而》）。这两个“不行”合起来就是说，不管大事小事都要受到礼的节制，如果为了求和而求和，不讲礼仪就行不通。如果光用礼不讲和也不行，正如南朝皇侃所说：“若小大之事皆用礼而不用和，则于事有所不行也。”（《论语义疏》）总之，儒家的“和而不同”观念，从哲学层面来看，就是承认在统一体中存在着矛盾、差异、对立和变化，我们的任务就是化解矛盾，消解对立，通过调和取得和谐和统一。而西方文化则更强调差别和对抗。例如西方哲学家赫拉克利特就认为：“正义就是斗争，一切都是通过斗争和必然性而产生的。”(《欧洲哲学史资料简编》)这和中国传统文化中“和而不同”的思维方式是大相径庭的,正如张岱年先生所说:“文化模式是一个包括思维方式、知识结构、价值取向、审美趣味的综合体。从这个意义上我们可以说,中西民族文化的基本差异是文化模式的差异,这个基本差异就是:中国传统文化重和谐与统一,西方近代文化重分别与对抗。”(《中国文化论争》)

以上我们从地缘文化、血缘文化和儒家文化三个方面阐述了中华文化形成的特点,从中可以看出这三个方面对于中华文明之形成具有非常重要的意义。也可以说主导中华文化长达两千多年的儒家文化,正是在这样一个半封闭的内陆地域中,在忠君孝亲宗法制的思维定式下所产生的。我们从物质文明和精神文明的诸多方面都可以看到儒家文化的印记,艺术当然也不例外。我们试以月亮这一意象为例加以说明。月亮是一个具有丰富内涵和情感色彩的文化载体。中国在儒家文化的影响下,人们因地域封闭而思想上偏于保守,满足于“日出而作,日入而息”的小农经济模式,自给自足,因循守旧。于是就产生了安土重迁、魂归故里等封建保守思想,故而“思乡”就自然地成为文人们讴歌的永恒主题,竟或成为中华民族的共同感情。月亮的圆满形象,以及它的柔光清辉,最易引人思乡怀远。因为“海上生明月,天涯共此时”(唐代张九龄《望月怀远》),明月当空,天下共望,因此明月很自然地就成为彼此思念的最佳传媒。李白的“举头望明月,低头思故乡”唱出了游子思乡怀人的共同心声。这种对于故乡热土的眷恋,对于家庭亲人的思念,正是儒家文化中家国情怀、血缘亲情的展现。“两处春光同日尽,居人思客客思家”(唐代白居易《望驿台》)、“想得家中夜深坐,还应说着远行人”(唐代白居易《邯郸冬至夜思家》)、“独在异乡为异客,每逢佳节倍思亲”（唐代王维《九月九日忆山东兄弟》），这些“思家”“思亲”的诗句，道尽了游子们的绵绵深情。这种对于团圆的渴望，对于圆满的追求，正来源于儒家文化的“圆”思维，亲人要团圆，办事要圆满。尽管这种“圆”思维重在伦理教化和社会秩序的和谐，但在审美观上仍然是以圆美为表现形式的中和之美。“万里无云镜九州，最团圆夜是中秋”（唐代殷文圭《八月十五夜》）、“暮云收尽溢清寒，银汉无声转玉盘”（宋代苏轼《中秋月》），从这些对圆月赏玩的诗句中，我们不难看到儒家对于“尽善尽美”（《论语·八佾》）、美善统一的追求。尽管有所谓“人有悲欢离合，月有阴晴圆缺”，但是人们还是期望“但愿人长久，千里共婵娟”（宋代苏轼《水调歌头》）。

二、道家文化对意象理论形成的影响

道家文化是一种以老庄哲学为基础的隐逸文化。《史记·老子韩非列传》曰：“老子修道德，其学以自隐无名为务。”又说：“老子，隐君子也。”所谓隐逸，并不是隐匿，藏于深山，穴居岩处，不与世接；而是身在世俗世界，只是思想上不关心世事，远离尘俗，身无俗务，心无尘想，逍遥无待而游于世。在思想境界上往往表现为高蹈旷达，超逸绝尘，潇洒物外，虚静淡泊。在人生观方面，如果说儒家要求人们“三立”、舍生取义、杀身成仁，实现“修、齐、治、平”的雄心壮志，那么道家则是要求人们无名、无功、无己，以自然无为为旨归，尚柔、主静、贵无，实现“小国寡民”的乌托邦理想。关于道家文化对意象理论产生的影响，首先就应溯源于魏晋时期玄学思潮中的“言意之辨”，其中有关言、象、意三者之间的论辩，直接导致了意象说的产生。这一观点在本书第一章中已有较详细的论述，故而不再重复。

下面我们对道家的自然无为思想加以论述。老子曰：“人法地，地法天，天法道，道法自然。”（第二十五章）这里的“道法自然”，不是道“效法”自然，而是说自然是道存在的法则，换句话说，即道的本性就是自然，自然而然。《庄子·齐物论》郭象注曰：“自己而然，则谓之天然。天然耳，非为也。”由此而知，老庄认为道的本性就是自然而然的天然状态，而非人为的纲常礼教。唐玄宗说：“道法自然，言道之为法自然，非复仿法自然也。”（《老子御疏》）既然“自然”是指自然而然的天然状态，那么，“无为”才自然，“有为”则不自然。日出日入，月升月落，花开花谢，水涨潮退，那是自然而然，没有人为，这可以说是“天道自然”。人处天地间，也要保持自然的状态，要顺应“天道自然”，不要被世俗异化，追求功名利禄，计较利害得失，也就是要求身处俗世而心不染，“见素抱朴”（第十九章），保持像婴儿一样的状态，甚至“使人复结绳而用之，甘其食，美其服，安其居，乐其俗，邻国相望，鸡犬之声相闻，民至老死，不相往来”（第八十章）。这是老子的“理想国”，是逆社会潮流而动的，也是不能实现的。但他根据当时社会出现的贫富矛盾加剧，“礼崩乐坏”，儒家的伦理教化的虚伪性已经显露，所谓“大道废”“六亲不合”“国家昏乱”（第十八章）的病态现象，他提出来“圣人去甚、去奢、去泰”（第二十九章），要求统治者去掉那些极端的（甚）压迫、奢侈的享受（奢），以及过分的剥削（泰）等行为是符合当时社会现实的。这里的所谓“去甚、去奢、去泰”就是老子所说的“无为”。显然这个“无为”不是什么都不干，而是无妄为，是顺其自然而为，干事情不能勉强，也不能过分，一切顺其自然。正如《庄子·应帝王》所说："游心于淡，合气于漠，顺物自然而无容私焉，而天下治矣。"又说："上诚好知（智）而无道，则天下大乱矣。"（《庄子·胠箧》）关于道家的自然无为，庄子用寓言的方式加以阐释，《庄子·秋水》："牛马四足，是谓天。落（络）马首，穿牛鼻，是谓人。"意思是说，牛马四足是天生的自然状态，若人为地络马首，穿牛鼻，加以束缚、牵制，就不自然。《庄子·应帝王》："倏与忽谋报混沌之德，曰：'人皆有七窍以视听食息，此独无有，尝试凿之。'日凿一窍，七日而混沌死。"混沌天生没有七窍，这本来是自然而然的事，可是倏与忽想报答他的友好接待，就试着为他凿七窍，结果"日凿一窍，七日而混沌死"，这是人为的结果。庄子用这个寓言故事，意在说明天下要无为而治，若制定许多礼教法度，就会违背自然法则。《庄子·骈拇》："长者不为有余，短者不为不足。是故凫胫虽短，续之则忧；鹤胫虽长，断之则悲。"这则寓言也是用来宣扬无为而治，反对儒家用仁义礼乐来匡正天下，戕害人的自我本性。在老子看来，"我无为而民自化，我好静而民自正，我无事而民自富，我无欲而民自朴"（第五十七章），不需要制定那么多礼教规矩。故而他主张"绝圣弃智""绝仁弃义""绝巧弃利"（第十九章）。这样就可以"道常无为而无不为"（第三十七章），最终达到逍遥无待之游。

老庄的自然无为思想，对文学艺术的影响也是极其深远的。试以诗美学为例加以阐述。我国古代诗歌向以清淳自然为美，李白的"清水出芙蓉，天然去雕饰"就是咏歌自然美的经典。谢灵运的"池塘生春草"（《登池上楼》）一句曾被许多诗人称赏。金代诗论家元好问说"池塘春草谢家春，万古千秋五字新"（《论诗三十首》），清代诗人宋湘说"池塘春草妙难寻，泥落空梁苦用心"（《说诗八首》），连谢灵运自己也认为"此语有神助"（惠洪《冷斋夜话》）。那么，此句诗好在哪里呢？好在清新自然，不假雕饰。宋叶梦得《石林诗话》：“此语之工，正在无所用意，猝然与景相遇，借以成章，不假绳削，故非常情所能到。”叶梦得所说的“无所用意”就是自然而然，随手拈来，自然成章，“不假绳削”就是“无为”，不刻意雕琢。袁行霈在《中国诗歌艺术研究》中形容说：“好像从浓妆艳抹，珠光宝气的贵妇人堆里，走出来一位粗衣布裙的农家村姑一样，有一种清淳的美、自然的美。”从历史背景来看，“永嘉时，贵黄老，稍尚虚谈，于时篇什，理过其辞，淡乎寡味”（钟嵘《诗品序》）。此时的诗歌谈玄说理“淡乎寡味”，而且诗人们“俪采百字之偶，争价一句之奇”（刘勰《文心雕龙》），雕章琢句成了时代风气，使诗歌失去了自然天真之美。正如清代沈德潜所说：“性情渐隐，声色大开”（《唐诗别裁》）。谢灵运虽然也是借自然山水表老庄哲理，模山范水，刻意求工，但像“池塘生春草”这样清新自然的诗句，出现在玄言诗风靡一时的晋宋之际，亦着实让人耳目一新，别开生面。欧阳修有一首《画眉鸟》诗：“百啭千声随意移，山花红紫树高低。始知锁向金笼听，不及林间自在啼。”鸟类原为林中之物，若把它锁在金笼供人听赏，就是束缚个性的“不自然”，是“有为”。欧阳修虽为北宋大儒，但在这首诗中所反映出的反对束缚，反对压抑个性，崇尚自然，向往自由的思想却和道家相契合。陶渊明《归园田居》诗“羁鸟恋旧林，池鱼思故渊……久在樊笼里，复得返自然”，就是对于崇尚自然，向往自由的歌咏。在他的诗歌里所表现出的道家思想是非常突出的，正如朱自清先生所说：“陶渊明诗里的主要思想实在还是道家。”（《朱自清古典文学论文集》）例如《饮酒》其五：“结庐在人境，而无车马喧。问君何能尔？心远地自偏。采菊东篱下，悠然见南山。山气日夕佳，飞鸟相与还。此中有真意，欲辨已忘言。”这首诗虽题为《饮酒》，实则咏怀，是借田园生活写隐逸之趣。所以我们以陶诗中所反映出来的道家崇尚自然的思想,来阐述其对意象理论的影响就较为适宜。陶诗的美学意义,最重要的一点就是他把道家崇尚自然的思想人生化、意象化了。他用诗来阐释他对宇宙人生的哲学思考。就像庄子寓言一样,你看到的是寓言故事,他却是借寓言演绎哲理。比如,自从《诗经·采薇》中有"昔我往矣,杨柳依依"两句,自此之后杨柳就成了离别的象征意象。《庄子·逍遥游》以大鹏为喻,阐发自由自在、无为处世之旨。应当说庄子为我们创造了一个逍遥无待的"大鹏"意象。陶诗中的意象不像屈原的"香草美人"、唐诗中的"鸡声茅店月"那样,或一物一意,如以梅喻高洁、以菊喻闲淡等,或数物并列组成一个意象,如以鸡声、茅店、月三个物象词叠加在一起,表达"羁旅愁思,道路辛苦"(欧阳修《六一诗话》)。陶诗中的意象就是生活本身,他不用"为了表达一种观念,而寻找形象"(诗人艾青语)。比如上面我们提到的《饮酒》其五,陶渊明写他逃离官场之后,可以自由自在地东篱采菊,悠然见山,日夕之时,还可以看到飞鸟结伴而还。他以白描的手法,叙事的语言,把自己那份隐逸恬淡的情趣,融入平平常常的生活之中,既无藻饰,亦无比兴寄托,又不刻意雕琢,以平淡自然的笔调抒发出安贫乐道、固穷守贱、箪食瓢饮的悠然之乐,是名节操守之乐,也是一种繁华落尽的真淳之美。明代唐顺之评曰:"陶彭泽未尝较音律,雕句文,但信手写出,便是宇宙间第一等好诗。何则?其本色高也。"(《答茅鹿门知县》)苏轼评之曰:"外枯而中膏,似淡而实美。"(《评韩柳诗》)这种似乎无技巧的"平淡",实是大技巧,正如清代大画家石涛所说的"无法之法,是谓至法"(《画语录·变化章第三》)。陶渊明把生活情趣意象化了,行住坐卧都饱含情意,所以他说"此中有真意,欲辨已忘言"。

下面我们再从绘画艺术领域阐释道家文化对意象理论的影响。

我国先秦时期没有专门的系统绘画理论,诸子论绘画也是只言片语,且原意也不在谈绘画,而是作为例子用来阐述其学术观点的。例如《左传》宣公三年载:“昔夏之方有德也,远方图物,贡金九牧,铸鼎象物,百物而为之备,使民知神奸。”这里的“铸鼎象物……使民知神奸”就是指铸于青铜器(鼎)上的百物图像,象征着宇宙间的神(善)和奸(恶)。这是用图像教育人民辨别善恶。应当说这是见到的最早有关绘画功能的记载。在先秦诸子中,值得重视的是庄子的“解衣般礴”论,这一论点出自《庄子·田子方》:“宋元君将画图,众史皆至,受揖而立;舐笔和墨,在外者半。有一史后至者,儃儃然不去趋,受揖不立,因之舍。公使人视之,则解衣般礴,蠃。君曰:‘可矣,是真画者也。’”这里的“解衣般礴”是指画者裸体箕居,放浪形骸。其意在说明道家那种自然任性,不受礼教束缚的狂放精神状态。画家必须先具备了这种恣性纵意、旁若无人的精神状态,才能把画画好。清初画家恽南田说:“作画须有解衣般礴,旁若无人之意,然后化机在手,元气狼藉,不为先匠所拘,而游于法度之外矣。”(《画论丛刊·南田画跋》)由此可以看出庄子思想对绘画艺术的影响。总之,先秦时期虽然没有专门谈论绘画的理论,但是那些彩陶艺术中的龙凤图腾形象、人面含鱼形象、人面蛇身形象,以及青铜器上那种沉重而神秘的饕餮形象,无疑都是早期绘画的萌芽。

汉代绘画艺术多表现原始神话的历史故事,是一个人神杂处,世俗百态同时并存,以“人对客观世界的征服为主题的时代”(李泽厚《美的历程》)。汉代画像砖、画像石的内容,既有圣君、贤相、孝子、义士等人物形象,又有上层贵族求仙、宴乐、狩猎、仪仗、车马,以及下层民众收割、冶炼、打柴、舂米、百戏等世俗场景,还有荆轲刺秦王、高祖斩蛇等历史故事。如此丰富的生活内容，表明此时的绘画已由先秦的神话世界转向了对现实生活的关注。《淮南子》一书是以道家思想为中心的著作，其中有关绘画理论的论述主要有两点：其一是提出了“君形”说。《淮南子·说山训》曰：“画西施之面，美而不可说；规孟贲之目，大而不可畏；君形者亡焉。”这里所说的“君形”，就是指人物的“神”。徒有形似，没有神情，就会使人物缺乏神韵。应当说这是我国绘画理论“传神”（神似）论的先声。其二是提出了“画鬼魅易，图狗马难”的论点。《淮南子·氾论训》曰：“今夫图工好画鬼魅，而憎图狗马者，何也？鬼魅不世出，而狗马可日见也。”这一观点实来自《韩非子·外储说》，因为“犬马，人所知也，旦暮罄于前，不可类之，故难。鬼魅，无形者，不罄于前，故易之也”。这里实际上提出了一个现实主义的“写实”和浪漫主义的“想象”的创作方法问题。

汉代武帝以前，黄老思想占统治地位，这也是为了适应由乱到治，与民休养生息的需要而采取的思想统治策略。因之道家的神仙道术，企求长生，成为一种社会思潮，影响所及绘画中出现了鬼魅神仙的审美意象也就成为自然。李商隐《贾生》诗：“宣室求贤访逐臣，贾生才调更无伦。可怜夜半虚前席，不问苍生问鬼神。”李贺《马诗》（其二十三）：“武帝爱神仙，烧金得紫烟。厩中皆肉马，不解上青天。”这些诗虽然是借古讽今，指汉说唐，但从另一方面也确实反映了汉代帝王求仙媚道，企求长生的黄老思想。李商隐还有一首《嫦娥》诗：“云母屏风烛影深，长河渐落晓星沉。嫦娥应悔偷灵药，碧海青天夜夜心。”这是一首借“嫦娥奔月”的神话故事，喻指诗人的孤独心情。嫦娥虽得到了永恒的长生，但同时她也拥抱了亘古的孤独和寂寞。然而由此在我国壁画艺术中所形成的“飞天”意象，却是具有道家底色的审美创构。“天女”的乘风飞翔，不是靠背上的羽翼，也不靠漂浮的云朵，而是靠流线型的线条所勾勒出来的衣带飘逸，体态轻盈而显示出飞升形象，她不仅具有舞蹈的形体美，也具有音乐的旋律美。

魏晋南北朝时期是我国历史上大分裂、大混战、大融合、大转折的时期，是一个社会动荡、死亡迭出、灾祸频起的时代。历史学家王仲荦先生在他的《魏晋南北朝史》中说："在解放前，有人把魏晋南北朝时期看作是中国史上的黑暗时代，认为它是一团漆黑，社会经济停滞不前。……相反，在这个时期，无论是经学思想、哲学思想、宗教思想、史学著作、地理学著作、文学创作、文学批评、绘画、书法、雕塑、音乐、舞蹈、杂技等等，以及科学技术方面，都有重大的成就。"王先生旁征博引了大量典籍故实，为他的这一观点做了有力的佐证。

魏晋南北朝是一个充满血腥的动荡年代，这是不争的历史事实。"白骨露于野，千里无鸡鸣"（曹操《蒿里行》），"出门无所见，白骨蔽平原"（王粲《七哀诗》）。据《后汉书·陶谦传》载："初平四年，曹操击谦……凡杀男女数十万人，鸡犬无余，泗水为之不流。"更加连年水旱灾害，瘟疫流行，竟然出现"民多病死，死有灭户"（《后汉书·志第十七引张衡语》）。迫于对死亡的恐惧和逃避，起义造反就成为必然。汉灵帝中平年间的黄巾起义，把大一统的汉帝国冲击得摇摇欲坠。作为汉帝国精神支柱的儒学受到挑战，士大夫们也从"修齐治平"的醉梦中惊醒过来，"嗟乎！不知来世圣人救此之道，将何用也？又不知天若穷此之数，欲何至邪？"（《后汉书·仲长统传》）这种心灵上的猛醒，哪里还有儒术的"独尊"地位！曹操《求逸才令》竟然要把"不仁不孝而有治国用兵之术者"唯才是用，甚至"盗嫂受金"者，"吾得而用之"，道德上有污行也不计较。这样，把一个道貌岸然的儒家礼教冲击得斯文扫地。于是开启了一个被历史学家们称为"人的自觉"时代。士人们开始思考人生价值、生死语默，以及对于自身人格的反省。他们试图以新的思辨哲学来解释社会人生，人们在痛苦的呻吟中寻找着新的精神支柱。在诸子学说中，道家以其主静、尚柔、贵无，强调自然无为，清净虚无，以退避、隐逸为特色的人生哲学，极大地吸引着乱世中的士子们。老庄的生死齐一、心斋坐忘、无待之游、无为而无不为的诗性内涵，为他们重铸人格理想，重择生存方式，找到了一个理想的精神范式。无论是竹林七贤们的放旷任诞，越名教而任自然，也无论是兰亭诗人们的优雅清谈，抑或是陶渊明式的田园归隐，无一不昭示出他们对于汉儒人格模式的反叛。他们远孔儒而近老庄，舍事功而取隐遁，“像魔术似的，庄子突然占据了那个时代的中心”（《闻一多全集》）。这就由原来的儒本道末，一变而为道本儒末，在“清淡”的思辨中，玄学应运而生。这种理论思潮的改变，从哲学到文艺，从观念到风气，发生了令人耳目一新的变化。他们高谈玄理、佯狂任诞、纵情享乐、饮酒服药、潇洒不群、自然无为，形成了所谓的“魏晋风度”。美学家李泽厚说：“魏晋恰好是一个哲学重新解放，思想非常活跃，问题提出很多，收获甚为丰硕的时期。”（《美的历程》）于是，证明了一个道理，即什么时候思想解放了，活跃了，出现了一个“百家争鸣”的局面，那就会大大促进从哲学、文化、文学艺术到价值观念、社会人生诸多方面的飞跃。西方的文艺复兴是这样，我国的魏晋六朝也是如此。鲁迅先生说得好：“更因思想通脱之后，废除固执，遂能充分容纳异端和外来的思想源源引入。”（《魏晋风度及文章与药及酒之关系》）我认为，这应该就是何以在魏晋这个大动荡、大分裂的时代，会出现一个“收获甚为丰硕的时期”的原因，也可以说是“国家不幸诗家幸”吧！

潘天寿说：“魏晋以前之绘画，大抵为人伦之补助，政教之方便，以及帝王公卿玩赏装饰之应用。”（《中国绘画史》）绘画理论除了《左传》的"铸鼎象物,使民知神奸",就是孔子的"绘事后素"(《论语·八佾》)。关于这一点,汉郑玄有一个解释:"绘,画文也。凡绘画,先布众色然后以素分布其间,以其成文。"(引自张岱年《中国哲学大辞典》)为了说明问题,我们把《论语》中的原文引述于后:

> 子夏问曰:"'巧笑倩兮,美目盼兮,素以为绚兮。'何谓也?"子曰:"绘事后素。"曰:"礼后乎?"子曰:"起予者商也!始可与言《诗》已矣。"

子夏问的是《诗经·卫风·硕人》中的两句诗"巧笑倩兮,美目盼兮"(后一句"素以为绚兮"可能是逸诗)怎么讲?孔子回答"绘事后素"。按照《诗经》原文,"倩"是指女子笑时两颊出现的酒窝,"盼"指眼珠黑白分明的样子。清代马瑞辰注曰:"盼,动目貌。"《毛传》注曰:"盼,黑白分。"今人程俊英白话翻译为"一笑酒窝更多姿,秋水一泓转眼时",可谓深合《诗经》原意。如此,"绘事后素"就可以理解为绘事后于素,先有白底子然后再绘画。孔子以此来教育子夏仁先礼后、仁内礼外的道理,所以子夏反问"礼后乎"。只有内质(仁)美,再加上合于礼,才能文质彬彬,然后君子矣。孔子在这里虽然不是专门谈论绘画,但是他借画论道,说明先秦时期绘画的确是"成教化,助人伦"为礼教服务的工具。汉代出土的画像石上多是一些圣君、贤相、忠臣、孝子的画像,就是一个有力的佐证。

魏晋六朝时期,由于儒家礼教这个精神支柱动摇了,思想之解放,哲理思辨之活跃,在玄学思潮中,言意之辨为意象理论的形成打下了哲学基础。绘画理论随着"文的自觉"也大放异彩。由于玄学的核心哲学是老庄,故而道家的理性思辨精神就融入绘画理论之中。

汉画手法简洁，形象朴拙，人物面目不清晰，如汉画像石《荆轲刺秦王》中荆轲之勇猛，秦王之恐惧，颜面神情全不清晰，但画面上荆轲手臂高扬，以示把匕首投向秦王，力度过大，匕首穿柱，秦王作惊慌逃跑状。这些情景内容全靠人物的形态、动势显示出来，“形具而神生”（荀子语），犹如黑白色的皮影戏。而魏晋时期的绘画，已由汉画之古拙简略，发展为精细描绘，正如谢赫在评魏晋画家卫协时说：“古画皆略，至协始精。”（《画品》）卫协的作品早已无存，今举东晋大画家顾恺之的《洛神赋图卷》为例，略加说明。这幅画的故事情节是按照曹植的《洛神赋》的内容画成的，从这幅画的人物看，已经能够准确而生动地勾勒出人物的形象和神态，曹植水边凝视和洛神飘忽往来，人物眉目相接的情感交流，都栩栩如生。在绘画理论上，出现了顾恺之的“传神”说、宗炳的“畅神”说，以及谢赫的“气韵生动”法则。这些绘画理论的出现，无疑是这一时期“文的自觉”的标志。

顾恺之的“以形写神”论出自他的《魏晋胜流画赞》：“凡生人亡有手揖眼视而前亡所对者，以形写神而空其实对，荃生之用乖，传神之趋失矣。空其实对则大失，对而不正则小失，不可不察也。一像之明昧，不若悟对之通神也。”这主要是对人物画而言的。意思是说，画人物要以其形体传达出人物的内在精神。“手揖眼视”，要面对眼前的对象，若“空其实对”或“对而不正”，则不能传神，为了传神，他甚至认为可以在人物的面颊上“益三毛”，即在人物的眼尾添加三根细纹线。《世说新语・巧艺》载：“顾长康（顾恺之，字长康）画裴叔则，颊上益三毛。人问其故，顾曰：‘裴楷（即裴叔则）俊朗有识具，正此是其识具。看画者寻之，定觉益三毛如有神明，殊胜未安时。’”这里的所谓“识具”指人物的精明智慧，是内在的精神气质，画家为了传神，就可以添加上“三毛”，这样就画出来了人物的“神明”和“殊胜未安时”。明代袁宏道说:“传神之道正在阿堵(指眼睛)。所云叔则颊上三毛,皆形似之外得之。”(《传神说》)这里所说的“皆形似之外得之”,实质上是指“超以象外”(司空图《二十四诗品》)的“神”。“颊上益三毛”本身就是人物(物象)形体上没有的东西,为了传神才添加上的,所谓“传神写照,正在阿堵中”(顾恺之语)。传神要靠眼睛,所谓“倩盼生姿,眉目传情”也是指传神。二者都是超乎物象之外的“虚境”,故而他说“皆形似之外得之”。

关于“形似”和“神似”的问题,争论千年,已成公案。白居易说“画无常工,以似为工”(《记画》),苏东坡说“论画以形似,见与儿童邻”(《书鄢陵王主簿所画折枝二首》),明代杨慎说“东坡先生诗曰:‘论画以形似,见与儿童邻。作诗必此诗,定知非诗人。’此言画贵神,诗贵韵也。然其言有偏,非至论也。晁以道和公诗云:‘画写物外形,要物形不改。诗传画外意,贵有画中态。’其论始为定,盖欲以补坡公之未备也”(《升庵诗话》)。其实哪有“形不似而反得其神者?”(清邹一桂《小山画谱》)一直以来,我始终认为,中国诗画艺术传统始终是以传神为主的,“写实”不是主流。审美艺术范畴中的形与神、情与景、意与象等,在艺术哲学上是相通的,都是艺术形象的辩证统一。例如《诗经·小雅·采薇》中的“杨柳依依”,“杨柳”是客观物象,它是形、是景,也是象。“依依”是形容杨柳飘拂荡扬的样态,是传其神韵的,所以用来表达“依依惜别”的情意。若无杨柳之“依依”形态,“惜别”之神情意态就托之无物。故古人说“形恃神以立,神须形以存”(嵇康《养生论》),明高濂说“神在形似之外,而形在神气之中”(《燕闲清赏笺》),二者浑然为一。清郑板桥《画兰竹石》曰:“盖竹之体,瘦劲孤高,枝枝傲雪,节节干霄,有似乎士君子豪气凌云,不为俗屈。故板桥画竹,不特为竹写神,亦为竹写生。瘦劲孤高,是其神也;

豪迈凌云，是其生也。”他以竹之外形“瘦劲孤高，枝枝傲雪，节节干霄”来象征士君子豪气凌云、不为俗屈的气节操守，这是形和神的统一、情和景的融合，也是意和象的浑然为一。故清王夫之说“情景名为二，而实不可离”，“夫景以情合，情以景生，初不相离，唯意所适”（引自《姜斋诗话》）。因此，顾恺之的“以形写神”论，正是我国意象理论在绘画艺术中的展现。意象理论重在意，“得意忘象”“得鱼兔而忘筌蹄”。绘画理论重在神，明屠隆《形神》曰：“舟以载人，亦以覆人。人不得舟，则水行必溺。及岸，则舟无所用。形以栖神，亦以碍神。神不得形，则灵光无托。神完，则形无所用。”绘画是画家以画寄意，只要能得到意，至于画得似与不似就不太重要了。所以“神完则形无所用”，其意也是在强调神似。这与意象理论中的“得意忘言”“得意忘象”同一关捩。

另外，顾恺之还提出了绘画艺术中的“迁想妙得”理论。他认为：“凡画，人最难，次山水，次狗马；台榭一定器耳，难成而易好，不待迁想妙得也。”这里实质上是在谈绘画中的艺术联想问题。绘画是空间艺术，它不像音乐那样是流动的时间艺术，绘画是瞬间永恒的空间艺术，如果要表现女子的秋波流动、眉目传情，即传神，就必须经过观赏者的“迁想”才能“妙得”。故宋罗大经说“绘人者不能绘其情”（《鹤林玉露》）。因为情是内在的，又是复杂的，是不易把捉的，所以顾恺之说“手挥五弦易，目送归鸿难”（《世说新语·巧艺》）。手挥五弦是外在的动作，目送归鸿是心理活动，故有形者易画，无形者难绘，其理不言自明。另外，绘画中的意象也必须经过“迁想”才能“妙得”。比如上文我们所提到的郑板桥《画兰竹石》，画面上的竹子瘦劲孤高，枝枝干霄，和现实中公园里的竹子并无二致，这是竹子的表象。如果欣赏者能“迁想”到士君子的豪气凌云、不为俗屈的气节品操，把竹子这种物象人格化、意象化了，那么这幅竹子图轴就不能单单作“画”看。因为它不仅用竹子赞扬了士君子的清高傲物，节行超逸，而且还表达了画家本人超尘脱俗的孤高气节。画家已经把“胸中之竹”(意象)表现为“手中之竹”的艺术形象了，故也可以说画家不是在画竹，而是在写人，写出了画家对于社会人生的思考。

总之，从李白到苏轼，从竹林七贤到扬州八怪，从张旭到怀素，从倪瓒到郑板桥，在诗、书、画的艺术园地里，充溢着一股道家文化所孕育出的狂狷之气，飘逸之韵。那些散发着“逸气”的文人们，不仅仅是在行为方式上表现为放浪形骸，不拘礼法，纵酒使气，孤傲不群，粪土王侯等怪异之举，更重要的是他们敢于在儒家一统天下中，冲破禁锢，独树一帜，以异端之面目，开创出一片独特的道家文化园地。在这片色彩绚烂的园地里，老庄以“有无”哲学为基础，衍生出艺术中的虚实、隐显、形神、动静、情景、浓淡、巧拙、生熟、一多、正反、大小等对立统一的审美范畴，并在“虚实相生”的命题中更强调虚，在“形神兼备”中更重视神，在“隐显结合”中更注重隐，在“情景交融”中更突出情，在“动静交错”中更崇尚动。尤为可贵的是在“恍惚”道论启发下，产生了“言外之意”“象外之象”“弦外之音”“味外之味”，以及“言有尽而意无穷”和“无我之境”等美学命题，使有限表无限、有形状无形成为可能。因此，在以“诗之豪、书之草、画之逸”为代表的道家文化影响下，我国古典艺术达于极致。

三、佛家文化对意象理论形成的影响

所谓佛家文化，主要是指佛教哲学为基础的宗教教义、理念所形成的文化形态。因为佛家是一种学术流派，而佛教则为宗教教派。二者虽有区别，但又密不可分。众所周知，宗教的要素包括宗教信仰、宗教感情、宗教仪式、宗教信众、宗教戒律和宗教场所等，而作为意识形态的学术流派则不必具备这些要素。例如唐朝诗人王维在思想上是一个十足的佛家中人，他写的诗（主要指后期）充满了禅意和禅趣，但他可以上朝做官，回家又可以坐禅诵经，不必剃度出家。道家谈论的是老庄哲学，而道教则是在追求服药炼丹，导引养气，企求长生。因此，我们在讨论佛家文化对意象理论的形成所产生的影响时，就绕不开佛教的义理和它的宗教艺术。

佛教源于印度，两汉之际传入中国。为了在中国站稳脚跟，就必须向中国本土的儒、道两家靠拢，互相吸引，互渗互融。因此，随着社会的发展，朝代之兴替，以及政治、经济形势的变化，帝王之好恶，往往会出现某一教派时盛时衰的现象。但总的来说，在我国整个封建社会的发展中，在意识形态领域里基本上是以儒家为主导，以道释为辅助，形成三教并存的格局。因此，在以士大夫为主体的知识分子思想领域里，就形成了“达则兼济天下，穷则独善其身”的处世哲学和“据于儒，依于道，逃于禅”在三者之间徘徊游移的思想境界。

佛教宗派继玄奘创立法相唯识宗之后，又有律宗、密宗、净土宗、华严宗、禅宗等不同宗派的形成。其中以禅宗发展最为壮大，影响力最强，成为不同于印度佛教的汉化佛教。在禅宗的发展壮大过程中，又以六祖慧能的南宗禅最为强大，流布最广，自隋唐至明清，相沿而下，中国佛教大抵都是以南宗禅的路子走下来的。

佛教的基本教义就是所谓“四谛”说，即苦谛、集谛、灭谛、道谛。谛，意谓真理。苦、集二谛是说明人生的本质及其形成的原因，灭、道二谛是指明人生的归宿和解脱之路。所谓苦谛，简单来说就是人生的本质是“苦”。只要是一个活生生的人，“苦”就是必然的。生、老、病、死是“苦”，欲望不能实现是“苦”，实现了不能保住也是“苦”。因此，佛教认为“苦”是人生的铁律，这是早期佛教教义的出发点。这种以人生为苦的判断，带来的是悲观厌世思想，以及自戕、自杀和互杀的陋习。集谛是说明上述诸苦生成的原因，也就是我们平常所说的“因果报应”。过去的一生行为，决定今世一生的果报，今世一生的行为，决定来世一生的果报。如何从这个“业报轮回”之苦中解脱出来，就成为佛教徒的终极追求。怎样才能逃脱死后不再经受轮回之苦呢？“涅槃”。“涅槃”是梵文的音译，意为灭、灭度、寂灭、圆寂、不生、无为、解脱等义涵，实际上就是“死的化名”（范文澜语）。但佛教反对把涅槃理解为死亡，因为佛教认为死可以复生，故而涅槃的真正含义应当是指熄灭烦恼，超越时空，超越生死，死后不再经受轮回之苦。《杂阿含经》曰：“贪欲永尽，嗔恚永尽，愚痴永尽，一切诸烦恼永尽，是名涅槃。”实际上它是佛家意在逃避尘世烦恼，追求安乐宁静生活的一种理想境界。通向涅槃境界的全部修习方法和途径就叫作“道谛”，即从身、心、意三个方面规范佛教徒日常思想行为的种种戒律和到达涅槃境界的途径。

禅宗作为佛教的一个宗派，它既有和其他宗派相同的教义理念，也有不同于其他宗派的教义理念。主要不同有两点：其一是南宗禅标举“顿悟”说，即“令自性顿悟”。认为“一切万法，尽在自身中，何不从于自心顿现真如本性”（《坛经》），“一切众生皆有佛性”（《涅槃经》）。意思是说，人人都具有真如佛性，只要自心能去除“妄念”，即功名利禄之俗念，利害得失之烦恼，就能顿然开悟，瞬间“见性成佛”。志勤禅师“见桃花而悟道”就是一个明证。其二是认为“心是万法之根本”（玄觉禅师语），“心者是总持之妙本，万法之洪源”（大珠禅师语）。佛教所谓“法”即指世间一切事物和现象。禅宗把心看作是世间一切事物和现象的本源，所以“一切法皆从心生”（《五灯会元》卷二）。既然“法”由心生，“诸法”由心造，那么“佛是自性作，莫向身外求”，“心外无别佛，佛外无别心”。意思是说，众生先天就具有觉悟成佛之心，要想成佛就必须向自心求，无须外求。所以禅宗（南宗）更强调对“心”的修持，靠自己努力修心养性，以成正果。这和道家炼丹服药，企求长生的外因决定论立场有着明显的区别。试举例说明。有一则公案说，德山和尚到南方学习禅宗理论，“先到龙潭（崇信禅师），至夜入室，侍立更深。潭（龙潭）曰：‘子何不下去。’山（德山）遂揭帘而出，见外面黑，却回云‘外面黑’。潭（龙潭）乃点纸烛度与，山（德山）方接次，潭（龙潭）便吹灭。山（德山）于此忽然大悟”（引自《正法眼藏》卷五）。这一公案重在启示僧众想求光明，欲入佛国净土，就必须靠自身努力，向自心求佛，要靠内因。

随着佛教的发展，为了传播佛教义理，普救众生，除了讲经说法和观想修行之外，还衍生出绘画、雕塑（石窟）、诗歌、建筑、佛乐等艺术形式，以强化其宗教信仰和崇拜心理。因为宗教艺术是宗教理念的外化形式，你听不懂佛经，但你可以看懂佛像和壁画，透过庄严肃穆的佛像，在烛光的闪烁中，在香烟的缭绕中，在钟磬的悠扬声中，在带有神圣感的静穆气氛中，你的心灵受到了净化，你终于懂得了什么叫慈悲，什么叫智慧，什么是无欲无念的境界，什么是神圣和超脱。而这些被你悟出的东西，岂不正是佛经中所宣扬的教义理念和出世哲学吗？这就是宗教艺术的直观性、可感性、启示性、超越性和神秘的悟性。这些宗教情感又是难以用文字和语言所能表达的。有时你看到的不一定是慈善的佛像，而是带有象征性的脚印、手迹和莲花。而这些以佛像和象征性符号来传递佛理的艺术形象就是宗教意象。

在中国禅宗佛教艺术中，济公“活佛”和布袋和尚就是两个家喻户晓的佛教人物意象。

济公，性格狂放不羁，不守佛门戒律，是一个行踪不定，衣衫不整，破帽破扇，似丐如氓，不拘细行的穷和尚形象。他虽穷却德行高尚，乐于助人，扶危济困，救人急难，故而有“活佛”的尊称。他用自己的行为践行了佛教以慈悲为本，普救众生的教义理念。

布袋和尚就是俗称“大肚弥勒佛”。他大肚滚圆，袒胸露腹，喜眉乐眼，笑口常开。有一副对联赞颂他“大肚能容，容天下难容之事；笑口常开，笑世间可笑之人”。实质上这个人物形象正是对佛教“一切皆空”教义的形象图释。禅宗认为，世界上一切事物都是虚幻不实的，即“色空”。故倡导人们追求无欲无念，断灭名利之想，去掉烦恼坚持修行，就能自心清净，没有任何物质欲望，自由自在，故而他能做到“大肚能容”。由此境界看世界，俗界红尘，为名为利，熙熙攘攘，累身伤命，岂不可笑！明代田汝成《西湖游览志余》赞其像曰：“行也布袋，坐也布袋，放下布袋，多少自在。”在这里，“布袋”就成了俗界众生的名利、“包袱”，一旦放下，即可进入自由自在的菩提境界。

宗教意象并不重在形象上的认知，而是重在理念意义上的承认。只要你对你所信仰的对象产生崇拜心理，就会产生出虔诚膜拜的宗教感情。佛教徒坚信宇宙间存在一个佛国净土的彼岸世界，至于这个世界究竟是个什么样子并不重要，重要的是信众怎样才能解脱烦恼，到达这个彼岸，证得佛果。

下面讨论佛教音乐中的意象问题。

在音乐艺术中，“声音成象”是一个古老的美学命题。《礼记·乐记》曰：“乐者，心之动也。声者，乐之象也。”音乐是无形无象的听觉艺术，如何在流动的乐音旋律中听出形象，这要具有两个因素，其一是作为审美客体的乐音要具有形象性。比如,俞伯牙所弹的《高山》和《流水》,曲调里的音色、调式、旋律要“状若崇山,又像流波,浩兮汤汤,郁兮峨峨”(嵇康《琴赋》)。也就是说,弹《流水》要有潺潺之音,叮咚之响;弹《高山》要有崇高之感,巍峨之状,使人“知其声,即思其形”(班固《白虎通义·礼乐》)。其二是作为审美主体要具有“音乐的耳朵”,能够从抽象的、超理性的音色、调式、旋律中感受到乐音所流露出来的情感。从“不存在”中听出“存在”。音乐学院的学生在欣赏贝多芬的《月光奏鸣曲》时,必须听出“瑞士琉森湖面上闪烁的银色的月光”,并能体味到作曲家的“淡淡的感伤”(德国诗人路德维希·莱尔斯塔勃用语)。白居易的《琵琶行》是描写音乐的经典,他以乐音写情思,以比喻写感受,让你在“无”中生“有”,得“弦外之旨”。比如“大弦嘈嘈如急雨,小弦切切如私语,嘈嘈切切错杂弹,大珠小珠落玉盘”,这里的“急雨”“私语”和珠落玉盘的形象比喻,使人如闻其声,如临其境。又如“间关莺语花底滑,幽咽泉流冰下难,冰泉冷涩弦凝绝,凝绝不通声暂歇。别有幽愁暗恨生,此时无声胜有声”,乐音的变化,也是感情的变化,以“滑”与“难”对举,说明曲调由流畅(滑)变为艰涩(难),再由“冷涩”到“凝绝”,把琵琶女的“幽愁暗恨”的复杂情感,融入“嘈嘈切切”时缓时急的琴声里,这种以乐音表感情的艺术旋律就是所谓的音乐意象。所以《礼记·乐记》说“凡音之起,由人心生也。人心之动,物使之然也。感于物而动,故形于声”,又说“乐者,音之所由生也,其本在人心之感于物也。是故其哀心感者,其声噍以杀;其乐心感者,其声啴以缓”。乐音和感情浑然为一,形成感动人心的音乐意象。

佛教音乐属于宗教仪式内容之一,是布道的工具,其作用有二:其一是宣示佛理(夹叙夹唱),开导众心;其二是赞颂佛的功德,使僧众知佛德之深远，并使其舌根清净，胸藏开通，开智增慧，长命无病。所以佛乐是净化心灵的手段，它可以使听众“静心悟道”，在神圣肃穆的气氛里，在悠悠的钟磬声中，闭目入定，静心息念，通过乐音彻悟“色空”。白居易《好听琴》诗“一生来耳里，万事离心中”，了无尘想，万事皆空。这种闻乐知空，听琴悟道的修行，就是佛乐净化心灵的直觉体验。对于听众来说就是一种兴佛化俗的超现实体悟和感受。佛禅是洞彻生命的哲学，佛乐是表现生命的艺术。故佛乐往往以古、淡、清、远、和、静的韵律去表现溪声如乐、山色似道的佛禅意境。另外，在近禅诗人的作品里，也出现了许多禅趣隽永、声色鲜明的优秀佳作。比如王维《青溪》诗“声喧乱石中，色静深松里”、《过香积寺》诗“泉声咽危石，日色冷清松”等，在这些诗歌里，诗人以大自然的自然本色，创造出了富含无尽禅意的声色意象。

东方音乐重幽远、空灵，贵在音乐意象的创造。佛乐更强调以心力去感悟天地之“大音希声”，重在表现内在的意蕴美。它以清淡妙音传递深邃妙意，乐音悠扬，庄严肃穆，禅义玄深，沁入人心，在直感意会中，得佛理禅趣，尤其是韵味悠长的寺庙钟声。钟声是一种悠然意远的声音，明末科学家宋应星《天工开物》云：“凡钟，为金乐之首。其声一宣，大者闻十里，小者亦及里之余……梵宫仙殿，必用以明摄谒者之诚，幽起鬼神之敬。”意思是说钟为金属乐器之首，其声“大者闻十里，小者亦及里之余”，在寺庙里那种幽眇之声，可以感化（摄化）拜谒者对佛的诚心，并在心中暗生敬畏神明之意。这无疑是从宗教心理学的层面上来说的，大凡有参拜经历者，都会产生这种心理体验。其实，除此之外，寺庙钟声还会产生别的声音意象。唐张继的《枫桥夜泊》中有一句“姑苏城外寒山寺，夜半钟声到客船”，在这由远及近的隐隐钟声里，隐含着诗人那份仕途蹭蹬的惆怅，愁绪绵长，随钟声而回荡。唐刘长卿《送灵澈上人》诗“苍苍竹林寺，杳杳钟声晚”，这幽远的钟声里饱含着诗人清静而淡泊的情怀。钟声，音低沉而厚重，缥缈而来，隐隐而去，僧众听钟声而悟道，“一声来耳里，万事离心中”，它是一种开悟生慧，顿悟人生的声音，聆听这种仿佛来自佛国的妙音，则会荡涤心灵，烦恼不生。

第三章

中华民族的传统思维方式及其对意象理论产生的影响

一、中华民族的主要思维方式

所谓传统思维方式，是指中华民族在长期历史发展过程中，所形成的思维习惯和思维模式。前面已经谈到，中国是一个以小农经济为基础的农业国，又是一个半封闭的内陆国家。因此，人们的行为方式、价值观念，以及对客观事物的认识方式，都具有鲜明的民族特色。仅举三种与意象理论有关的思维方式分述于后。

（一）整体性思维方式

所谓整体性思维，就是指人们对万事万物的认识，习惯于从总体上进行把握，把事物互相联系起来予以综合审视，而不重细节上的分析和判断。人生天地间，要生存下去，就必须面对大自然，因此人与大自然的关系就是一个最基本的关系。在中国古老的哲学中，人们把这种关系概括为“天人合一”。

中国古人认为大自然是一个有机的整体，在这一整体中，事物之间是对立统一又可以互相转化的关系。人是大自然的一部分，而且是大自然的中心。西方哲学家认为“人是万物的尺度”（希腊哲学家普罗泰戈拉用语），中国古代哲学认为“人者，天地之心也”（《礼记·礼运》）。中国自殷商以来，由于生产力低下，对于自然灾害无能为力，当时对天的认识既懵懂又畏惧，形成了敬鬼神而畏之的天命观。然而人类并不甘心受制于自然，故而产生了“后羿射日”“精卫填海”

等人类向自然界作斗争的神话故事。到了周代虽然听天由命的思想仍然盛行，但却有少数思想家开始表示对天的怀疑，如《左传》提出了“天道远，人道迩，非所及也”，表示了对于人道的重视。战国时期的荀子则进一步提出了“天人之分”和“制天命而用之”的观点，即改造自然，为人类所用的思想。唐朝刘禹锡《天论》又提出“天人交相胜”的观点，认为天不能制定礼义，人不能改变四季变化，天生育万物，人治理万物。在自然方面，天胜过人，在社会方面，人胜过天，各有其功能，既相互区别，不可替代，又互相联系，相互为用。这种唯物主义的观点，为我们正确认识自然，合理利用自然，提供了一个正确思维路径。但在如何改造自然服务于人类方面，东西方由于文化的不同，则有着不同的态度。《周易·乾·文言》曰：“大人者，与天地合其德，与日月合其明，与四时合其序，与鬼神合其吉凶，先天而天弗违，后天而奉天时。”意思是说人与自然要和，要顺应，要友好，不能违背自然规律。老子曰：“人法地，地法天，天法道，道法自然。”王弼注曰：“与自然无所违。”《荀子·王霸》曰：“上不失天时，下不失地利，中得人和，而百事不废。”从这些论述可以看出，其意思都是强调人要与天地和谐相处，不违背自然规律，如此则百事兴焉。北宋张载在《西铭》中明确提出了“天人合一”这一哲学命题，并且说“民吾同胞，物吾与也”，即把人民当成同胞，把万物当成朋友，由此看来，儒道两家都是主张“天人合一”的。季羡林先生说：“东方的思维模式是综合的，西方的思维模式是分析的……西方是一分为二，而东方则是合二为一。”（《三十年河东，三十年河西》）中国的中医治疗原则就是一种典型的整体观念，它以“虚、实、寒、热”把病症加以高度概括，并提出“虚则实之，实则虚之，寒者热之，热者寒之”（《内经》）的整体治疗原则。而西医则用量体温、测血压、化验血等测量手段，以量化标准来诊断病情并予以治疗，头疼治头，脚疼治脚，这无疑是一种分析的思维模式，中西医结合才能取长补短。

中国传统文化中的整体思维在艺术中的表现也是非常突出的。

唐代诗人杜牧有一首《江南春》："千里莺啼绿映红，水村山郭酒旗风。南朝四百八十寺，多少楼台烟雨中。"这是一首描写江南春色的诗歌。千里江南，地域辽阔，若专写某处，就与题不和，且"春色"又极其宽泛，如何选取有代表性的景象来写，是需要精心筛选、提炼，匠心经营的。六朝时期的丘迟就曾写过江南的春景，他在《与陈伯之书》中写道："暮春三月，江南草长。杂花生树，群莺乱飞。"他以花、草、莺三种具有时令特点的意象来概括江南春景，应当说写得简洁而鲜明。唐代诗人白居易也曾写过三首《忆江南》词，三首词各有侧重，第一首重点写江花"红胜火"，写江水"绿如蓝"，应当说这两种意象是江南风景中留给诗人印象最深的景象，花和水也是春景中带有标志性的风景元素，江南的春水、春花尤为明艳，故诗人拈出春水、春花就有了典型性意义。第二首专写杭州，"最忆是杭州"。第三首专写吴宫，"其次忆吴宫"。杭州、苏州是江南名城，其中又有令人神往的故事传说，因此在回忆江南风景时，苏、杭二州留给诗人的印象应当是最美好的，故诗人以特写的笔法来"忆"江南，也是关合题意的。杜牧这首《江南春》是正面描写江南春景，而不是"忆"，这就有一个综合归纳、加工提炼的问题，也就是要用整体思维去观照对象，既抓住典型特色，又能创造出审美意境。通观全诗，诗人采用了鸟瞰式的写作手法，像航拍一样从总体上去把握千里江南的美好春光，为我们描绘出一个鸟语花香、山明水秀、水村山郭、烟雨蒙蒙的锦绣江南写意图景。又如唐朝诗人贺知章的《咏柳》诗："碧玉妆成一树高，万条垂下绿丝绦。不知细叶谁裁出，二月春风似剪刀。"这一首咏物诗，借咏柳来赞美春天的生命活力，给人以美的享受。诗中用了“一树高”这个极其模糊的数字意象，“一树高”究竟是多高呢？令人费解，也令人想象。这就是东方文化中整体性思维用语，具有模糊性特征。较之西方用“米”“分米”的精确表达，则迥然不同。

书法意象中的整体思维更加突出，因为中国的书法艺术不仅要表现出文字本身的意思，而且更重要的是还要通过线条的流动传达出书家本人在书写时的情感状态。这就要靠字与字、行与行之间的整体布局来体现，绝不仅仅着眼于一笔一画的谨细把握。唐张怀瓘《文字论》曰：“深识书者，唯观神彩，不见字形……文则数言乃成其意，书则一字已见其心。”宋四家之一的蔡襄《论书四则》说：“学书之要，唯取神气为佳。若模象体势，虽形似而无精神，乃不知书者所为耳。”蔡襄所强调的神气、精神，正是书法的灵魂，若一味地模仿古人的点画架构、体貌笔势，就会像“春蚓秋蛇”一样，毫无生气，了无精神。这里所谓“精神”，就是指整幅书作上所显示出来的强劲生命力和浓郁的笔情墨韵，是从整幅书作上来加以审视的，是一种整体思维。例如南唐后主李煜在其《书评》中对几位唐代书法家学习王羲之的《兰亭序》时，评论说：“若虞世南得其美韵，而失其俊迈；欧阳询得其力，而失其温秀；褚遂良得其意，而失其变化；薛稷得其清，而失于拘窘；颜真卿得其筋，而失于粗鲁；柳公权得其骨，而失于生犷；徐浩得其肉，而失于俗；李邕得其气，而失于体格；张旭得其法，而失于狂；献之俱得之，而失于惊急，无蕴藉态度。”李煜的评说“美韵”“俊迈”“力”“意”“清”“筋”“骨”“肉”“俗”“气”“体格”“狂”等，显然都是着眼于各人的总体风格而言的，是一种整体性观照。明初书法家解缙说：“上字之于下字，左行之于右行，横斜疏密，各有攸当。上下连延，左右顾瞩，八面四方，有如布阵。”像张旭的狂草，看上去像一团乱麻，似无章法，实际上是无法之法，“八面四方，有如布阵”，在点画的安排布局，线条的腾挪揖让中，上下勾连，左呼右应，疏密相间，“有如草蛇灰线，不见起止”，字与字、行与行之间可以打破界限，在墨断意连中，做到一气贯注，神定气足，虽似狂纵却不失矩度。这一方面表现了书家本人狂颠不羁的精神状态，另一方面也表现了中国书法整体思维所形成的节奏感和韵律美。

中国传统绘画受“天人合一”哲学思想的影响，习惯于总体把握，不注重细枝末节的“似”与“逼真”。正如元代画竹名家倪瓒所说：“余之竹，聊以写胸中逸气耳，岂复较其似与非，叶之繁与疏，枝之斜与直哉？或涂抹久之，它人视以为麻、为芦，仆亦不能强辨为竹，真没奈览者何。”（《跋画竹》）如果从整体思维的角度来解读倪瓒的这段话，那就是说，只要整体画面能把画家的情感气质（逸气）体现出来，至于“叶之繁与疏，枝之斜与直”就不去计较了。这在刻意追求“逼真”的西洋画中是匪夷所思的。

我们先从绘画创作方面来对整体思维的发展轨迹加以梳理。

中国绘画从远古的洞岩壁画、彩陶、青铜纹饰、秦楚帛画到汉代的画像砖，其间经历了符号记忆、宗教崇拜、礼教功能等不同的发展阶段，直到魏晋才出现了人物画、山水画，于是中国绘画才由功利实用走向了审美。在先秦时期，《周易》中已出现了“观物取象”的哲学命题，这里虽指卦象而言，但与艺术形象的创造有相通之处，都是对客观物象的模拟，追求的是“形似”。汉代《淮南子・说林训》提出了“画者谨毛而失貌”的观点，这种挑战谨于细毛而失其大貌的观点，就是对“形似”观点的质疑。这种注重“大貌”，关注生命本质的认识就是一种整体思维。《淮南子・说山训》还提出了“画西施之面，美而不可说；规孟贲之目，大而不可畏；君形者亡焉”，这里的“君形者”就是指神。神就是内在本质力量的显现，是“大貌”。但是《淮南子》没有指出怎样才能把“神”表现出来，直到东晋大画家顾恺之才首先提出了“以形写神”和“迁想妙得”的传神论。顾恺之在《魏晋胜流画赞》中说道：“凡生人亡有手揖眼视而前亡所对者，以形写神而空其实对，荃生之用乖，传神之趋失矣。空其实对则大失，对而不正则小失，不可不察也。”意思是说，画人物必须使人物能传神，传神就要靠人物的神情体貌来表现，神情靠眼睛，因为它是心灵的窗子，体貌是指肢体语言，它所传达的是人物的动作意向，这就是“手揖眼视”。“前亡所对者”就是指所画人物面前失去了“手揖眼视”的对象，“空其所对”，这样就谈不上如何传神了。顾恺之所强调的是，人物要传神就要从画面的整体考虑，主体与客体之间要有呼应关系，故而说“空其实对则大失，对而不正则小失，不可不察也”。形和神的关系，是既对立又统一的关系，是不可分割的。形无神不活，神无形不存，从形神论的发展轨迹来看，似乎更偏重于神似。顾恺之的“以形写神”理论，是对先秦绘画追求“形似”的突破，是从偏重于外在美向偏重于内在美的演变。《世说新语·巧艺》载：“顾长康画裴叔则，颊上益三毛。人问其故，顾曰：‘裴楷俊朗有识具，正此是其识具。看画者寻之，定觉益三毛如有神明，殊胜未安时。’”这里所说的“神明”就是神，为了传神颊上可以添加三毛。同理，王维的《袁安卧雪图》则可以出现“雪里芭蕉”。这种艺术处理方法，就是不斤斤于枝节而重在整体效果的整体思维。

下面我们从欣赏角度来解释整体思维在绘画中的表现。

唐代书法家，画论家张怀瓘在《画断》一书中对顾恺之、陆探微、张僧繇三位大画家作了一个总结性的评论：“象人之美，张得其肉，陆得其骨，顾得其神。神妙无方，以顾为最。”以“肉”“骨”“神”三个高度概括的审美概念来对人物画进行评论，在唐代已成为书画艺术评论中较为普通的审美标准。这是一个整体思维下的审美视角，是总体感觉和体验。中国传统绘画以笔写骨（线条），以墨取韵，在笔墨情趣中追求“气韵生动”。画无骨不立，“画之有笔（线条），犹体之有骨”（钱锺书语），画无韵则少趣。“韵”是什么呢？在人物画是指人物的神情气质和风姿气度；在山水画则是指山岚氤氲之气，云雾缥缈之状，山水明灭之感。总之，有余味谓之韵。韵是气的外化形态美，气是韵的内在本质美。清代画家方薰说：“能令生动，则气韵自在。”（《山静居画论》）元代画家杨维祯说：“传神者，气韵生动是也。”（《图绘宝鉴序》）由此可知，所谓气韵就是生动传神。清代画论家邹一桂说：“气韵则画成后得之，一举笔即谋气韵，从何着手？以气韵为第一者，乃赏鉴家言，非作家法也。”（《小山画谱》）这说明绘画艺术所追求的气韵，是指绘画完成后画面所呈现的整体效应，或萧散简远，或荒寒静寂，是欣赏者对画面的总体感受和审美体验，而非对一树一石、一山一水的谨细观赏。这正是中华民族整体思维方式在绘画中的表现。

（二）直觉式思维方式

所谓直觉思维，是指在直观的基础上，人对外界事物瞬间感性的整体性把握，它是一种非逻辑推理，非分析的感性思维活动。

中国儒家的直觉思维多表现为比类直觉，也就是说在“类”的属性上，两类事物之间有某种相似性、可比性。例如《论语·雍也》：“知者乐水，仁者乐山。知者动，仁者静。”因为智者思想活跃，敏捷通达，这与水的流动性在“动”的属性上相似，故智者乐水。仁者本性沉稳，遇事冷静，这与山的稳重、厚朴，在“静”的属性上相似，故仁者乐山。又如《太平御览》曰：“山，草木生焉……生财用而无私为焉……万物以成,百姓以飨,此仁者之所以乐于山者也。”因此在直观自然山水时,仁者和智者就会产生或静或动的比附性心理感受。再如儒家诗论中的“比兴”说,也是一种直觉思维。《关雎》诗:“关关雎鸠,在河之洲。窈窕淑女,君子好逑。”对于这首诗,诗论家常以比兴论之。诗人直观到洲中雌雄一对雎鸠的和鸣,联想到河滨采荇草女子当为“君子”之好逑,这种瞬间直观中产生的求偶之意,无疑是一种感性的而非理性的直觉思维。儒家的比类直觉思维,在我国古代诗论、画论、书论、乐论中比比皆是。如梁武帝评书云:“王右军书,字势雄强,如龙跳天门,虎卧凤阁。”欣赏王羲之书法,字势雄强,犹如龙腾虎跃一般,使人在直观中产生一种劲健的美感。又如苏轼《与谢民师推官书》云:“所示书教及诗赋杂文,观之熟矣。大略如行云流水,初无定质,但常行于所当行,常止于所不可不止,文理自然,姿态横生。”苏东坡在谢民师的文章中感受到“行云流水”的美,用行云流水来比类谢民师文章的“文理自然,姿态横生”,无疑也是一种比类直觉思维。

道家的直觉思维表现为直观意会。《庄子·田子方》曰:“仲尼见之(指楚国得道者温伯雪子)而不言。子路曰:‘吾子欲见温伯雪子久矣,见之而不言,何邪?’仲尼曰:‘若夫人者,目击而道存矣,亦不可以容声矣。’”因为温伯雪子是得道者,仲尼从温伯雪子身上“目击而道存”,意会到“道”的存在,但这种“道”又是不可言传的。道家认为“道不可言,言而非也”(《知北游》),故仲尼见之而不言。这就是一种直观意会。南朝宋画家宗炳在《画山水序》中提出了“澄怀味象”和“应目会心”的观点。所谓“澄怀味象”是指以虚静的心态,去除俗念,去品味物象的深刻意蕴。所谓“应目会心”是指面对审美对象,使心物感应,“应会感神,神超理得”,即超越理性思维,悟得妙理,使创作进入神妙境界。“澄怀味象”是审美时应具有的心态,“应目会心”是在直观意会中所取得的审美效应。宋沈括说:“书画之妙,当以神会,难可以形器求也。”(《梦溪笔谈》)所以古代绘画中就出现了“水不容泛,人大于山”(《洛神赋图》)的现象。这虽然与客观事实不合,但这正是艺术可以超越现实,妙理入神的艺术之“真”。故而只能意会而不可以理性思维去解读。

禅宗的直觉思维表现为顿悟直觉。所谓“顿悟”,就是瞬间豁然悟觉,用六祖慧能的话来说就是“万法尽在自心,何不从自心中,顿见真如本性”。南宗禅认为“一切众生皆有佛性,众生明心见性”,可以“见性成佛”,不用常年修炼。这是慧能的南宗禅“顿悟”与神秀的北宗禅“渐悟”的区别。随着北宗禅的式微,南宗禅逐渐垄断了佛界,所以通常所说的禅悟即指南宗的顿悟。所谓悟,就是领悟、意会,重在心领神会,是一种不借助于逻辑思维的心理体验,只能意会,不可言说。例如《五灯会元》卷一载,世尊在灵山会上拈花示法。“是时众皆默然,唯迦叶尊者破颜微笑。世尊曰:‘吾有正法眼藏,涅槃妙心,实相无相,微妙法门,不立文字,教外别传,付嘱摩诃迦叶。’”世尊拈花,一言不发,就是以形象直觉的方式来传递那些不可言说的佛教精义。因为禅宗认为,一落言筌,便成谬误,若经道破,已非真实。故有“口是祸门”的说法。学佛的人也不依语言文字来学习教义,只靠双方的心灵沟通,以心传心。迦叶的“破颜微笑”就是一种暗示和象征,是不说破的顿悟,是用动作示悟。宋罗大经《鹤林玉露》载,有比丘尼作诗曰:“尽日寻春不见春,芒鞋踏遍陇头云。归来笑捻梅花嗅,春在枝头已十分。”这里是借嗅梅花而喻瞬间悟道,原来佛性就在自己心中。关于“悟”,元代学者刘埙有一个形象的描述:“正如身坐窗内,为纸所隔,故不睹窗外之境。及其点破一窍,眼力穿透,使见得窗外山川之高远,风月之清明,天地之广大,人物之错杂,万象横陈,举无逃形,所争唯一膜之隔,是之谓悟。”可是,就是这种犹如窗纸点破即悟的禅宗思维,却并非能被常人逻辑思维所能接受的。在禅宗的许多公案和灯录中出现了类似于疯人呓语式的话头,其非常规性、非逻辑性的问答,使人一头雾水,不知所云。例如:

> 僧问:“如何是佛法大意?”师竖起拂子。僧便喝,师便打。又僧问:“如何是佛法大意?”师竖起拂子。僧便喝,师亦喝。僧拟议,师便打。师乃云:“夫为法者不避丧身失命,我二十年在黄蘗先师处,三度问佛法大意,三度蒙他赐杖。”
>
> (引自《镇州临济慧照禅师语录》)

因为禅宗认为佛法大意是不可言说的,是以心传心,徒弟们谁问谁挨打。这是用棒喝来警醒徒弟们的俗念和迷误,借以打断人们的正常思维逻辑,使之进入非理性、非逻辑的直觉状态。又如,百丈怀海师事马祖时,一次师徒出游,见一群野鸭子飞过,马祖问:“是什么?”百丈回答:“野鸭子。”又问:“甚处去也?”百丈回答:“飞过去也。”马祖见百丈仍不悟,遂把百丈鼻头紧扭,痛得百丈出声。马祖道:“又道飞过去也。”百丈顿时大悟。百丈据实回答却遭到马祖“紧扭鼻头”的惩戒,认为他“不悟”,其中玄机就是因为百丈按照常人的正常思维去回答问题,马祖为了启发他的愚蒙,打开障蔽悟道的迷雾,就用极端的手段“紧扭鼻头”,终于使百丈“顿时大悟”。另外,禅宗除用这种“怒呵棒喝”的极端手段开悟外,还有一种故意不说破的暗示方法使和尚们顿时悟觉。如前所引德山和尚的例子,德山悟到了什么?龙潭暗示他的是佛性就在自己心中,只有自己去靠内心领悟才可以获得,而不应靠外在的光明去指引路途。这就是禅宗的“自性本自具足”的解脱观点，这里的光明喻指佛经、偶像。所以德山悟道之后，竟破口大骂：“这里无祖无佛，达摩是老臊胡，释迦老子是干屎橛，文殊普贤是个担屎汉。”从此之后，焚像毁经、呵佛骂祖蔚成风气。

在中国古代以禅悟的直觉思维来评论诗歌的，当以宋代严羽最为著名。严羽的《沧浪诗话》借禅喻诗，推重诗歌要“不涉理路，不落言筌”，并说“大抵禅道惟在妙悟，诗道亦在妙悟”。禅宗的“妙悟”是以心传心，不可言喻，只能意会，不可言说，如人饮水，冷暖自知。严羽的“诗道亦在妙悟”是指欣赏者要借助直觉思维去默会艺术三昧，领略个中奥妙。他认为诗歌不能像江西诗派那样，“以文字为诗，以才学为诗，以议论为诗”，反对以说理、议论、用事、押韵为工，而应当像唐诗那样，“惟在兴趣，羚羊挂角，无迹可求”，犹如水中月、镜中像那样，似有迹而无迹，含蓄蕴藉，玲珑剔透，言有尽而意无穷，令人含玩不尽。例如唐人裴交泰有一首《长门怨》诗：“自闭长门经几秋，罗衣湿尽泪还流。一种蛾眉明月夜，南宫歌管北宫愁。”这是一首宫怨诗，抒发了那些遭受冷遇宫女们的悲凉情愫。诗以蛾眉喻宫女，月夜之下，受宠者歌舞管弦，遭冷遇者凄凉哀怨。清袁枚评说：“唐人有‘南宫歌管北宫愁’之句，盖赋体也。不如方子云《晚坐》云：‘西下夕阳东上月，一般花影有寒温。’以比兴体出之，更妙。”（《随园诗话》）袁枚评说深中肯綮，得诗家三昧。因为方子云诗写得空灵蕴藉，无针线痕迹。正如元好问所说：“鸳鸯绣出凭君看，莫把金针度与人。”裴交泰的诗把“南宫歌管”的受宠和“北宫愁”的冷遇，都坐实了。诗贵含蓄蕴藉，推重空灵剔透。裴诗写得太实太露，殊无远韵，缺乏回味的余地，故袁枚说“此赋体也”，方诗则写得隐而虚，隐则令人思索，虚则令人玩味，都是艺术直觉的妙悟。以花喻宫女乃诗家常用的比兴手法，寒温本属自然属性，这里以自然之寒温喻指人事之寒温，即宫女的不同命运际遇，变自然物象为审美意象，是“象外之象”。方诗之妙在于“花影有寒温”。因为花影似有实无，是虚体。“花影有寒温”则更是虚中之虚，令人味之不尽，得空灵之妙。又如唐代诗人王昌龄有一首《闺怨》诗：“闺中少妇不知愁，春日凝妆上翠楼。忽见陌头杨柳色，悔教夫婿觅封侯。”诗写闺中少妇，春日凝妆，登楼赏景。前二句极写少妇的愉快心情，第三句“忽见”很有分量，说明少妇登楼前未曾想到会见柳伤怀，是不经意间突然看到柳色而顿生悔意。因为杨柳在古代是离别的象征，自己闺房独守，青春易逝，这就勾起了她对丈夫边疆立功、求取功名的后悔，故有“悔教夫婿觅封侯”的幽怨。这是一种典型的直觉顿悟，王夫之称之“一触即觉，不假思量计较”，它带有瞬间性、偶然性和顿悟性。明代哲学家王阳明有一段名言，兹录于后：

> 先生曰：“你未看此花时，此花与汝心同归于寂。你来看此花时，则此花颜色一时明白起来。便知此花不在你的心外。”
>
> （引自《传习录》下）

这里的“一时明白起来”就是一种瞬间顿悟，是非理性、非分析的感性直觉。这种顿悟直觉思维所产生的意象，是心与物互相交融的产物，是在审美主体对客体的观照下所产生的，没有审美主体的参与，也就谈不上美（意象）的产生。正如柳宗元所说“美不自美，因人而彰”（引自《邕州柳中丞作马退山茅亭记》）。王国维在《人间词话》中也有同类表述：“一切境界，无不为诗人设。世无诗人，即无此种境界。夫境界之呈于吾心而见于外物者，皆须臾之物，惟诗人能以此须臾之物，镌诸不朽之文字，使读者自得之。”

（三）辩证思维方式

在中华民族传统文化中，辩证思维方式是一大特色。所谓辩证思维就是指对事物之间以及事物内部之间矛盾对立统一关系进行辩证思维的一种方式。这种思维方式是在整体思维的基础上把事物看作是既对立又统一，又相反相成、互相转化的关系。例如老子的祸福相依又互相转化的观点、阴阳五行之间相生相克又此消彼长的观点，就是中华民族特有的思维方式。

在古老的《周易》中就提出了"天地之大德曰生""生生之谓易"的命题。它把整个宇宙看成是一个生长运动、发展变化、协调统一的生命整体。而支配这一生长运动、发展变化、协调统一生命整体的则是阴阳对立统一规律（道），所谓"一阴一阳之谓道"，即宇宙是在阴和阳的相互作用下促成了万物的生长与变化。从阴阳概念出发，进而引申出刚柔、动静、昼夜、寒暑、往来、大小、开合、顺逆、进退、吉凶、祸福、成败等一系列对立范畴，对于这些对立统一范畴的认识、掌握和运用就是哲学中的辩证思维。《老子》第四十二章提出"万物负阴而抱阳，冲气以为和"，意指万物都具有阴和阳两种对立的元素，这两种对立的元素又在看不见的冲虚之气中得到统一。如昼夜循环、寒往暑来、吉凶相随、祸福相依等，就是事物对立统一、循环往复的辩证关系。又《老子》第二章曰："天下皆知美之为美，斯恶已；皆知善之为善，斯不善已。故有无相生，难易相成，长短相较，高下相倾，音声相和，前后相随。"这里讲的是有了美，才知道丑，有了善，才知道恶。就是因对立面的存在而存在，即无阴也就无所谓阳，无大也就无所谓小，这就是辩证的思维方法。以房屋为例，四周的墙壁是"有"，中间的空间是"无"，二者互相依存，才有了房子的使用。这就是《老子》第十一章所说的："凿户牖以为室，当其无，有室之用。故有之以为利，无之以为用。"因为有了空间（无）才有了房子的使用，所以说"有生于无"（第四十章）。这种辩证思维与西方的认识方法、思维逻辑是迥然不同的。西方认为，有就是有，无就是无，对就是对，错就是错，没有中间性。而中国哲学中的辩证思维则是承认中间性。比如，似是而非的"道"，它虽无形无象，但它确实存在，"惚兮恍兮，其中有象；恍兮惚兮，其中有物"（《老子》第二十一章）。哲学中的"恍惚"论，对艺术中的模糊性、多义性、虚实相生理论都产生了极为深远的影响。例如诗歌中所创造的虚幻空灵境界的"镜花水月"（明胡应麟《诗薮》），绘画中"似与不似之间"（齐白石语），书法中的笔断意属，舞蹈中的虚拟动作等，都是具有中国特色的艺术辩证法的显现。

我国古代的艺术理论，在长期的发展中产生了许多对立统一的审美范畴，诸如形与神、虚与实、动与静、巧与拙、隐与显、生与熟、情与景、理与趣等，这些审美范畴既丰富了我国的艺术理论，又指导了艺术家的艺术实践，对我国的艺术发展产生了积极的影响。

1. 形与神

形与神是中国古代美学中的一对审美范畴。形指形体、形貌、形象，诸凡显露于外有形迹可寻的具体样态均可称之为形，在艺术理论中常指形似；神指事物的内在精神，如神采、神气，有时也指神妙怪异之现象，在艺术理论中常指神似。形神理论最早见于中国古代哲学，如《荀子·天论》提出了"形具而神生"的命题。《庄子·知北游》："精神生于道，形本生于精，而万物以形相生。"《史记·太史公自序》曰："凡人所生者神也，所托者形也……神者生之本也，形者生之具也。"葛洪《抱朴子·至理》："形者，神之宅也。"这些有关形神的哲学论述对艺术理论中的形神论的产生，无疑奠定了重要的哲学基础。

另外,从《左传》的“铸鼎象物,百物而为之备,使民知神奸”,《韩非子》的(画)“犬马最难”“鬼魅最易”等论述来看,先秦时期的绘画理论是崇尚形似的。

汉代桓谭《新论·祛蔽》曰:“精神居形体,犹火之然烛矣。”这里是把形与神比喻为烛与火的关系,烛之为体,火之为用,一为物质,一为精神,相互依存,是对立统一的关系。《淮南子·说山训》曰:“画西施之面,美而不可说;规孟贲之目,大而不可畏;君形者亡焉。”又《淮南子·说林训》曰:“画者谨毛而失貌。”这里的“君形者”是指神,“貌”不是指形貌,而是指神采。因为谨于细毛的逼真反而会造成大貌(神采)之失。另外,《淮南子·原道训》还论述了形、气、神三者对立统一的关系:“夫形者,生之舍也;气者,生之充也;神者,生之制也。一失位,则三者伤矣。”这对于绘画理论中形神兼备理论的产生,有着重要的影响。

魏晋时期顾恺之提出了“以形写神”的绘画理论,这标志着我国形神论的正式形成。“以形写神”强调在形肖的基础上要传出客观对象之神韵,为了传神,顾恺之提出了“迁想妙得”这一命题,即强调想象的重要性,要求艺术家把主观情思融入客观对象,创作出主客观统一,形神兼备,高于客观现实的艺术作品。形与神这一对美学范畴,名虽为二,实不可分。形无神则板,神无形则无所寓也,唯形神兼备才能更生动地完成艺术表达。正如王夫之对情景关系的论述那样,“情景名为二,而实不可离。神于诗者,妙合无垠”(《姜斋诗话》)。清叶燮对情景关系也有精辟见解:“画者,形也,形依情则深;诗者,情也,情附形则显。是理也,宁独画与诗哉?”(《赤霞楼诗集序》)所以情景交融为历代艺术家所推重。叶燮所说的“形依情则深”和“情附形则显”实质就是论述了形和神相互依附又对立统一的辩证关系。

从先秦绘画崇尚形似，到东晋画家顾恺之提出“以形写神”，应该说这是我国绘画由形似向神似的过渡。在我国浩如烟海的画论资料中，论述神似的案例比比皆是。《世说新语·巧艺》载：“顾长康画裴叔则，颊上益三毛。人问其故，顾曰：‘裴楷俊朗有识具，正此是其识具。看画者寻之，定觉益三毛如有神明，殊胜未安时。’”顾恺之为了使人物画像传神，就在裴楷的眼尾处添加了三根毫毛，认为只有这样处理，才能把裴楷那种精明有识具的精神气质表现出来，这是既忠于现实，又超越现实的传神画法。又，唐朱景玄《唐朝名画录》载，郭令公请画家韩干和周昉同时为其婿赵纵画像，二画既成，令公问其女：“何以最似？”对曰：“两画皆似，后画尤佳。”又问：“何以言之？”云：“前画者（韩干）空得赵郎状貌；后画者（周昉）兼移其神气，得赵郎情性笑言之姿。”说明仅得其“状貌”（形似）还不行，还要“移其神气”（神似），所以周画为优。

通观形神观的发展，可以看出，尽管顾恺之最早提出了形神兼备的“以形写神”的理论，然而在后来的发展过程中，主张“形似”者有之，崇尚“神似”者更有之。两种观点甚至形成了一桩千年公案。白居易就主张“形似”。他在《记画》中说：“画无常工，以似为工；学无常师，以真为师。”苏东坡在《书鄢陵王主簿所画折枝二首》其一曰：“论画以形似，见与儿童邻，赋诗必此诗，定知非诗人。”（一本作“定非知诗人”。案，此处是“赋诗”而非“论诗”，故应以“定知非诗人”为佳。）两位诗人观点相左，十分明显。清邹一桂《小山画谱》曰：“东坡诗：‘论画以形似，见与儿童邻。作诗必此诗，定知非诗人。’此论诗则可，论画则不可。未有形不似而反得其神者。此老不能工画，故以此自文。……宋郭熙亦曰：‘诗是无形画，画是有形诗。’而东坡乃以形似为非，直谓之门外人可也。”此处虽然批驳了苏东坡“以形似为非”

的观点，然而并非主张“神似”，而是表达了形神兼备的观点。北宋沈括《梦溪笔谈》说：“书画之妙，当以神会，难可以形器求也。世之观画者，多能指摘其间形象、位置、彩色瑕疵而已，至于奥理冥造者，罕见其人。如彦远《画评》言：‘王维画物，多不问四时，如画花往往以桃、杏、芙蓉、莲花同画一景。’予家所藏摩诘画《袁安卧雪图》有雪中芭蕉，此乃得心应手，意到便成，故造理入神，迥得天意，此难可与俗人论也。”沈括的看法是符合艺术规律的，艺术不能拘执于形似，而应当忠于现实又超越现实，在形似之外求其“真”。纵观我国绘画史，宋元之后，随着写意画的兴盛，绘画更加强调作者主观情感的发泄，主神似、重神韵的审美观念也更加普遍为人所接受，且由绘画引入诗文。例如清毛先舒《诗辩坻》曰：“学诗如学书，必先求其似，然后求其不必似，乃得。”清王又华《古今词论》曰：“咏物固不可不似，尤忌刻意太似。取形不如取神，用事不若用意。”

2. 虚和实

艺术中的虚实论，当源于老庄的“有无相生”哲学。老子说：“天下万物生于有，有生于无。”（第四十章）关于有无的辩证关系，前已引用《老子》第十一章中关于有无的论述，此不赘述。哲学中的有无论，进入艺术领域则表现为虚和实的关系。西晋陆机《文赋》说：“课虚无以责有，叩寂寞而求音。”这种无声中求音，就是无中生有的艺术表达。刘勰《文心雕龙·隐秀》提出了“隐也者，文外之重旨者也；秀也者，篇中之独拔者也。隐以复意为工，秀以卓绝为巧”。这里的隐和秀，实质就是虚和实。所谓“文外之重旨”，意指文辞之外还有一层意思，需要读者“思而得之”。犹如绘画中的空白，似无而实有，是以虚出实，即在空白处暗示出画外更加丰富多彩的意蕴。我们前面所举方子云诗：“西下夕阳东上月，一般花影有寒温。”文字表面说的是夕阳和月亮温寒不同，所以同样花影也有寒温之别。其实诗人想要表达的意思是宫女的命运际遇之不同，但这层意思是隐于文外的，刘勰说“情在词外曰隐”，需深于诗者意会得之。唐司空图把这种贵于用“虚”的手法称为“不著一字，尽得风流”（《二十四诗品》）。又如宋林逋的《山园小梅》，全诗八句更无一“梅”字，堪称咏梅之绝唱。尤其是诗的颔联“疏影横斜水清浅，暗香浮动月黄昏”，多被诗家称赏。诗人陈与义说：“自读西湖处士诗，年年临水看幽姿。晴窗画出横斜影，绝胜前村夜雪时。”（《和张矩臣水墨梅》）意思是说林逋的咏梅诗胜过唐齐己《早梅》诗“前村深雪里，昨夜一枝开”。辛弃疾在《念奴娇》词中竟然劝诗人不要草草赋梅：“未须草草，赋梅花，多少骚人词客。总被西湖林处士，不肯分留风月。”由此可以看出这联诗在咏梅题材中，是“压尽千古”的。此联诗的上句堪称“诗中有画”，疏枝横斜，倒映水中，一幅水墨写意图画宛然在目。淡淡几笔就把梅花的高雅清逸形态写得清幽淡远，出神入化。下句以虚笔写实景，化嗅觉为视觉（钱锺书称之为“通感”），淡淡的馨香与溶溶的月光融为一体，似乎暗香可视，月色可闻，创造出一种清淡悠远的意境。所以南宋诗人王十朋赞赏说：“暗香和月入佳句，压尽古今无诗才。”（《腊日与守约赏梅西湖》）这里用“暗香和月”，可谓深得林诗三昧。梅的清逸品格和人的高洁操守，在诗人虚实隐显的手法中得到了完美的结合。这种以实笔写景、以虚笔取韵的写作手法，正是意象创造的重要途径。

绘画艺术中也讲究“不著一字，尽得风流”。这种虚不见物的绘画技艺就是画中“空白”。然而此“空白”并非“真无”，而是撮盐入水，似无实有，且余韵无穷。正如清代画家笪重光所说：“空本难图，实景清而空景现。神无可绘，真境逼而神境生。位置相戾，有画处多属赘疣，虚实相生，无画处皆成妙境。”（《画筌》）“空境”和“神境”都是难以表现的,如果画家能真实地、逼真地把景物描绘出来,那么“空境”和“神境”就会在生动逼真的景物衬托下显现出来。这就是“虚实相生,无画处皆成妙境”。例如,“绘雪者不能绘其清,绘月者不能绘其明,绘花者不能绘其馨,绘人者不能绘其情,以数则虚而不可以形求也。实者必肖,则虚者自出”(邹一桂《小山画谱》)。这里的“实者必肖,则虚者自出”就是一个虚实相生的辩证关系。又如宋徽宗时期画院考试众画士,题目是“踏花归来马蹄香”,“一名画者,克尽其妙,但扫数蝴蝶飞逐马后而已,便表马蹄香出也”(俞成《萤雪丛说》)。这种以马后蝴蝶来象征“马蹄香”,就是以实出虚,变嗅觉为视觉,由物象而意象的艺术表达方式。

我国书法中也存在虚实相生的艺术辩证关系。特别是在草书的书写中,往往有墨断意连、笔断气接的笔情墨趣。颜真卿说:“趣长笔短,常使意势有余,点画若不足之谓乎?”(《张长史十二意笔法记》)书写时在线条的飞动中,常有笔墨所不及的地方,在绘画中它是“画中之白”,是整幅画的有机组成部分,是天,是云,是水,是月光,是烟雾。在书法中是“意连”,是“气接”,有书家的情感在,是“白中有情”,这些线条中的“空白”虽无笔墨相连,却给人以一气贯注的审美感受,而且更有苍劲的方向感和力度感。正如梁启超所说:“向来写字的人,最主要的有一句话‘计白当黑’……一方面从白的地方看美,一方面从黑的地方看美。”(《书法在美术上的价值》)也就是说“白”的地方虽无笔墨,但它有“气”,有方向的暗示,有情也有意,这就是虚实相生的妙用。

明清时期的戏曲理论也很重视虚实的运用。清代戏剧理论家李渔在《闲情偶记》中说:“实者,就事敷陈,不假造作,有根有据之谓也;虚者,空中楼阁,随意构成,无影无形之谓也。”京剧《空城计》舞台上三五兵丁,则可喻指十万雄师;京剧《三岔口》舞台上灯火通明,然而通过演员的虚拟动作,则可表演出精彩的夜斗。这些带有比喻性、象征性的虚拟表演,就是戏剧艺术虚实结合的艺术建构。明代戏曲理论家王骥德说的“戏剧之道,出之贵实,而用之贵虚”(《曲律·杂论》上),也是这个意思。另外,古代戏曲的声腔运用上也有虚实问题。宋沈括《梦溪笔谈·乐律》曰:“古之善歌者有语,谓当使‘声中无字,字中有声’。”这应当是一个戏曲音乐理论中的美学原则,也是艺术辩证法在戏曲声乐中的运用。所谓“字”,指文字,在戏曲中即唱词,是表达思想内容的;所谓“声”,指宫、商、角、徵、羽五声。戏曲艺术是通过“唱”来表情达意的,需要把逻辑语言变为音乐语言,进入音乐境界。也即把每个字融入不同的声中,一字一声,如此唱出来,听众则在优美的旋律中领会戏曲内容,此谓“字中有声”。什么叫“声中无字”呢?在戏曲艺术中,演员为了更充分地表达感情,在一些重点字上需要把声拖长来唱,梨园行称之为“行腔”,所谓“咬字要清晰,行腔需婉转”。用沈括的话来说就是“当使字字举末(始终)皆轻园,悉融入声中,令转换处无磊块,此谓‘声中无字’”。因为字是表达内容的,声是传达感情的。演员在演唱中,把字的内容融化在声中,使文辞感情化、音乐化,以情动人,以声感人,字字轻圆如贯珠,在抑扬顿挫的唱腔中,达到感染人、教育人的目的。这就是“声中无字”的美感效果。京剧《沙家浜·智斗》中阿庆嫂那段唱词“垒起七星灶,铜壶煮三江……人一走,茶就凉”中的“凉”字,是一个很长且缭绕婉转的拖腔,其中并无字,这就是“声中无字”。

关于声、音、乐三者之间,在古代乐论中其内涵是不同的,我们稍作分析。先说声,声分两种,其一指自然之声。所谓“遇物发声”,即风遇树有声,水激石则鸣。其二指人声。“人心之动,物使之然也。

感于物而动,故形于声。"(《礼记·乐记》)需要说明的是,鸟兽之声也是声。因为"鸟兽好悲声,耳与人耳同也。禽兽见人欲食,亦欲食之,闻人之乐,何为不乐?"(王充《论衡》)鸟喜则鸣,兽饥而吼,故"声者,鸣也"。那么,在音乐中的声又指什么呢?郑玄在《礼记·乐记》注中说:"宫、商、角、徵、羽,杂比曰音,单出曰声。"意思是说宫、商、角、徵、羽五声错杂排列所弹出的和谐之声始可称音,如果仅弹一个宫,或商,那样只能称声(或宫声或商声),故"声一无听"。《左传》也说:"若琴瑟之专一,谁能听之?"其次再谈音。《礼记·乐记》曰:"凡音者,生人心者也。情动于中,故形于声。声成文,谓之音。"《周易·系辞下》曰:"物相杂,故曰文。"由此可知,音是声的情感化,是人心感于外物而产生的,是把众声按一定规律错杂排列,并融入感情,和谐组合成曲,则谓音。唐孔颖达疏曰:"音则今之歌曲也。"钱锺书先生《管锥编·毛诗正义》引文称"使五声成曲,似五色成文",故"五声成曲"则可称音。最后再谈乐。《礼记·乐记》曰:"比音而乐之,及干戚、羽旄,谓之乐。"这里的所谓"比音",就是把曲子按照一定的旋律,抑扬高下,有节奏地排列起来,然后手拿道具(羽旄、干戚),配上乐器和舞蹈,这样演唱出来才可称之为乐。所以,《乐记·乐象》曰:"诗,言其志也;歌,咏其声也;舞,动其容也,三者本于心,然后乐器从之。"一般来说,这样诠释是不错的。然而为什么古人又说"夫乐之与音,相近而不同"(《隋书·何妥论乐》)呢?因为"乐"不仅有言辞(诗),有歌咏,还有"乐器从之",并配以舞蹈,而音则无。音犹今之徒歌,即清唱。何妥说:"圣人之作乐也,非止苟悦耳目而已矣,欲使在宗庙之内,君臣同听之则莫不和敬;在乡里之内,长幼同听之则莫不和顺;在闺门之内,父子同听之则莫不和亲。此先王立乐之方也。故知声而不知音者,禽兽是也;知音而不知乐者,众庶是也。故黄钟大吕,弦歌干戚,童子皆能舞之。能知乐者,其唯君子。不知声者,不可与言音,不知音者,不可与言乐,知乐则几于道矣。”(《隋书·何妥论乐》)从以上引文可知,音与乐的区别还在于乐有伦理教化功能,子曰:“移风易俗,莫善于乐。”而音则无。孔颖达《乐记正义》疏曰:“声、音、乐三者不同矣,以声变(杂比)乃成音,音和乃成乐,故别为三名,对文则别,散则可以通。”

3. 关于音乐成象问题

音乐成象是音乐美学中的一道难题。声音可以成象吗?《礼记·乐记》曰:“乐者,心之动也。声者,乐之象也。”意在说明乐是人心感于外物而产生的,并且通过声音呈现形象。孔颖达疏曰:“乐本无体,由声而见,是声为乐之形象也。”(《乐记正义》)需要指出的是,单纯的自然之声不能成象,如风声、雨声、鸟鸣、犬吠等,因为“知声不知音者,禽兽是也”。因此,“声者”云云,应当指的是“声音”。《说文》:“音者,声也。”声和音可以互训。所以我认为《乐记》所说的“声者,乐之象也”,这个“声”应当指“乐”音。因为只有乐才是有内容有感情的声,用乐音描写形象,象征感情,通过艺术联想,成象才成为可能。《乐书》云:“夫乐在耳曰声,在目曰容。声应乎耳,可以听知;容藏于心,难以貌睹。故圣人假干戚羽旄以表其容,发扬蹈厉以见其意。声容和合,则大乐备矣。”音乐是以声音为依托,以直接抒情见长的听觉艺术,它不具备可视性思维。因为“容藏于心,难以貌睹”。所以必须借助于道具(干戚、羽毛)以表其容,然后“发扬蹈厉以见其意”,这样有声有容,才能产生形象,表达音乐情感。例如李煜的《相见欢》,其中的“林花谢了春红”,这句用音乐就无法描述,它不能告诉听众哪些音符是描写林花的,哪些音节是描述春红的。它只能用和谐的音色、调式、旋律和节奏来表达“林花谢了春红”的意境,听众“当以神会,难可以形器求也”(《梦溪笔谈》)。因此说听觉艺术具有模糊性、不确定性。音乐理论家赵宋光说:“用音乐抒发情感时,用不着让听众从作品里辨认出什么是‘杯’‘泪’‘花’‘鸟’之类的限定对象。听众是凭着音乐的组织结构形式,就直接展开自己的自由联想的。”(《论音乐的形象性》)通过乐音所呈现的“象”是音乐意象。乐音是经过作曲家对声音的高低、长短、强弱等音乐元素,有选择、有组织地和谐排比而构成的,是声音和情感的统一体,是把原生态的声音引入审美境界。嵇康说“哀乐之情,必形于声音”,又说“文王之功德,与风俗之盛衰,皆可象之于声音”(《声无哀乐论》)。这种有内容、有感情的声音(乐音)就是构成音乐意象的物质材料。音乐理论家周荫昌说:“声音的由弱渐强,由强渐弱,同事物的由远至近,由近至远,运动的由小到大,由大到小的联系,柔美和谐的声音,与自由舒展协调的事物,运动相联系;浑浊尖锐的声音,与紧张、激烈、威胁性的事物、运动相联系等等。”(《音乐形象的美学特征》)这是从心理学角度来阐述自然界的声音和人类情感之间的关系,是把自然之声和听众脑海里储存的曾经的记忆表象相联系,在音调、旋律、音色、和声、节奏等音乐元素的融合下,呈现出声音化了的艺术形象。这里的艺术形象,因其含有内容(意)和情感(情),是声中有情,融意于声,故可称为音乐意象。这和诗歌中的“景中情,情中景”是一个道理。贺绿汀的《游击队之歌》就是以活泼的节奏,优美的旋律,轻快流畅的音调,展现了游击队员们的那种巧妙、灵活与敌人周旋,伺机消灭敌人的英雄形象。又如二胡独奏曲《二泉映月》,这是一首以抒情为特色的乐曲,是无锡惠山盲艺人阿炳用他饱含感情的弦声,向世人倾诉他苦难经历的真情写照。在凄婉的弦声中,有心酸,有愤激,也有无奈。乐曲以低回婉转、忧伤深沉的旋律,以轻柔如诉的音乐语言,描述了一个在寒风凄厉的小巷中流浪乞讨的盲艺人形象。

通过以上论述,我们可以知道声音成象必须通过艺术想象,才能“迁想妙得”,是一个变听觉为视觉的“通感”问题。章学诚《文史通义》说:“歌协阴阳,舞分文武,以至磬念封疆,鼓思将帅,象之通于《乐》也。”歌舞之乐能使人思念封疆大吏和将帅大臣,其中介就是思念,思念就是一种想象。犹如绘画中的颜色,有冷暖之分,红为暖色,绿、蓝为冷色;还有远近之别,所谓“近山浓抹,远树轻描”以墨之浓淡区别远近。那么,音乐中的音色是否也有这些的区别呢?音乐理论家石峰在谈到如何欣赏贝多芬《第六交响曲》第二章时说:“我们不妨想象一下,明朗的长笛声部吹出了蓝色的天空,而单簧管的独奏乐句,从它那纯净而优美的音色中,似乎呈现出玫瑰花一般的美丽色彩。”这是一种想象,也是一种艺术联觉。著名学者钱锺书曾说:“在日常经验里,视觉、听觉、触觉、嗅觉等等,往往可以彼此打通或交通,眼、耳、鼻、身等各个官能的领域,可以不分界限。颜色似乎会有温度,声音似乎会有形象,冷暖似乎会有重量。”(《管锥编》)这个“通感”理论,使我们在声音成象问题上找到了理论依据。

二、思维和形象思维

所谓思维,是指人类对自然界和社会生活中的事物进行认知、思考的高级精神活动,它是人脑对客观存在的能动反映。朱光潜先生说:“思维就是开动脑筋来掌握和解决面临的客观现实生活中的问题,所以思维本身既是一种实践活动,又是一种认识活动。”(引自《朱光潜美学文学论文选集》)按照思维方式的不同,一般又可分为抽象思维(逻辑思维)和形象思维。抽象思维是通过概念、推理、判断,形成合乎规律的结论,从而揭示事物的本质;形象思维则是对具体的、感性的事物加以形象化、典型化,运用典型形象来揭示事物的本质。形象思维是感性思维,抽象思维是理性思维。抽象思维是在形象思维基础上形成的理性认识,而形象思维又无不受制于抽象思维所形成的思想概念。正如蒋孔阳先生所说:“又有哪一部伟大的艺术作品不是因为塑造了饱含着丰富的思想概念的形象,而受到人们的赞美呢?”(引自《形象思维与艺术构思》)例如歌剧《白毛女》就不同于马克思的政治经济学理论,政治经济学是通过对生产资料的占有、地租、高利贷的统计,运用阶级、阶级斗争等概念的理论来揭露封建剥削的本质的。而歌剧《白毛女》则是以鲜活的艺术形象和动人的故事情节揭示了旧社会把人变成“鬼”,新社会把“鬼”变成人这一深刻主题,显然,前者运用的是抽象思维,后者运用的是形象思维。

语言是思维的物质外壳,因此在对思维的探讨中,就必然涉及语言问题。按照语言学的分类,语言可分为口头语言和书面语言。所谓口头语言就是“说话”,所谓书面语言就是用文字“说话”。前者是一种具体的社会交际行为,后者则是抽象的社交工具。语言产生于劳动。人类之初在围猎野兽时的呼喊,以及他们在篝火旁的“歌唱”,应当说就是语言的萌芽。那种呐喊(或歌唱)声音的高低、长短、轻重所代表的是不同的“意思”,这个“意思”就是大脑思维的外化。这种表达不同“意思”的声音形态,经过无数次重复,抽取其中相同的成分,摈弃其中不同的成分,用来表达某一固定的思想和感情,久而久之,进而形成“共识”和习惯,于是这种声音就变成了通用的思想交流工具,这就是语言的产生。胡明扬先生在他的《语言和语言学》一书中说:“从语言的内部构造来看,语言是什么呢?在客观上,语言是传递信息的音流，是一连串时间上先后相续的声音及其负载的意义的结合体。语言的声音称为语音，语言传递的意义称为语义。语音是语义的物质外壳，语义是语音的传递的信息内容。”这里显然是针对有声语言而言，但不管是有声语言还是无声语言都是思维，没有思维的声音则构不成语言。张潮《幽梦影》云：“春听鸟声，夏听蝉声，秋听虫声，冬听雪声；白昼听棋声，月下听箫声，山中听松风声，水际听欸乃声：方不虚此生耳。”尽管声音曼妙，悦耳动心，然终不能称之为语言。因为语言是思维活动的产物，是大脑对客观世界的认知活动，也就是说除了声音外，还需要有意义、有思想的内容。托尔斯泰说：“人们用语言互相传递自己的思想，而人们用艺术互相传递自己的感情。”（引自《艺术论》）传递感情的艺术是离不开艺术想象的，属于形象思维，它是一种“诗性智慧”（朱光潜语），是瞬间产生的一种感性活动。人们把这种从感性认识中获得的感觉或表象加以形象化、具体化，通过想象和联想，创造出“第二自然”（达·芬奇语）来反映事物的本质。例如陶渊明《归园田居》其一“狗吠深巷中，鸡鸣桑树巅”和刘长卿《逢雪宿芙蓉山主人》“柴门闻犬吠，风雪夜归人”，两首诗同样描写了“犬吠”的声音。“犬吠”显然不是语言，但它是诗人用来表达思想的声音之象，这一声音意象却可以创造“第二自然”，以表达诗人的不同情感。我们在陶诗的“犬吠”中可以“听”出幽静和闲适；而刘诗的“犬吠”则可“听”出荒寒中的一丝丝暖意。二者均来自形象思维下的“迁想妙得”，在不同的语境中，由“犬吠”这一声音意象演绎出蕴藉无穷的韵味。

另外，在有声语言之外，有学者提出了一个“副语言”的符号概念，李鹏程在《当代文化哲学沉思》一书中对“副语言”作了如下诠释：“什么是‘副语言’？就是人的发声器官，发音器官的活动所形成的类似语言而又不是语言的‘意识表达’或‘意识自我释放’的文化方式。例如人们的哭泣、笑声、喃喃、哼哼、吼啸、啧啧、叹息、口哨等等。它们虽然没有如语言那样清晰明确的文化意义，但是十分明显，它们也是表达人的生命存在的意识状况的符号系统。”并认为副语言有时比明确的语言具有更大的文化意蕴。这种类似语言又不是语言的“亚语言”形态，是对自然语言即合乎语法规则的语言的补充和完善，它具有“无声胜有声”的语言效果。例如《红楼梦》第八回写宝钗劝宝玉不要饮冷酒，要热了再饮。

宝钗笑道：“宝兄弟，亏你每日家杂学旁收的，难道就不知道酒性最热，若热吃下去，发散的就快；若冷吃下去，便凝结在内，五脏去暖他，岂不受害？从此还不快不要吃那冷的了。”宝玉听这话有情理，便放下冷酒，命人暖来方饮。黛玉磕着瓜子儿，只抿着嘴笑。

以上所引宝钗这番暖心体贴的言语，真可谓“晓之以理，动之以情”，极尽关怀体贴，声情毕肖，宛然一贤惠淑女形象。然而黛玉在一旁“只管抿着嘴儿笑”。这一寓意深隐的“笑”，不是语言，却胜似语言，把黛玉性格中“好弄小性儿”的嫉妒心理，表现得既有神态又有情韵，入木三分。应当说在艺术环境中，形象思维是优于抽象思维的。别林斯基在谈到科学与艺术的区别时说：“一个是证明，一个是显示，他们都在说服人，所不同的只是一个用逻辑论据，另一个用描绘而已。”（引自《一八四七年俄国文学一瞥》）所以说，艺术是用形象感动人，科学是用理论说服人。“副语言”形式因其不受语法规则的制约，也没有逻辑思维的限制，故而它可以在有限中表无限，是对语言功能的超越，从这一层面上来说,“言不尽意”应当是艺术语言的本质属性。

在自然语言和“副语言”等有声语言符号之外,我们还发现生活中存在着诸如“手之舞之,足之蹈之”的肢体语言和“巧笑倩兮,美目盼兮”的可视语言形态。法国语言学家列维·布留尔曾提出“手思维”概念,他说:“说话离不开自己手帮助的原始人,也离不开用手来思维。”(引自《原始思维》)也就是说手不仅仅是人类的劳动器官,同时也是人类的思维工具。手在打制工具和使用工具时,表现的是它的“使用价值”;手在围猎野兽时的手势以及打击野兽时的肢体动作,又可视为它的“语言价值”,二者都是思维的外化形态。其他诸如聋哑人们所使用的“手语”,警察指挥交通的“手势”,以及舞蹈演员的水袖程式动作,都是大脑思维的外部显现。除了用肢体和人“交谈”以外,人类还会用眼睛“说话”。眼睛的功能是“看”,同时也是“被看”。它和手一样,不仅是人类的器官,也是人类的思维工具。西方格式塔心理学创始人阿恩海姆在他的《视觉思维》一书中认为视觉是思维的一种最基本工具(或媒介)。我国《易经》也最早提出来“仰观天象,俯察地理”的观察认识宇宙万物的思维方式,这说明人类之初对于这个混沌洪荒的大宇宙的认识当是从眼睛开始的。孔子观流水则有“逝者如斯夫,不舍昼夜”的惜时之叹,老子观水则能悟出“上善若水,水善利万物而不争”的哲理之思。宋代理学家邵雍说:“夫所以谓之观物者,非以目观之也,非观之以目,而观之以心也。非观之以心,而观之以理也。”(引自《皇极经世·观物内篇》)这里的“观之以心”“观之以理”就是指的理性思维。《林泉高致集》中有一段著名的绘画理论,对于我们理解由“远望”“近看”所产生的艺术思维大有裨益:

真山水之川谷，远望之以取其深，近游之以取其浅。真山水之岩石，远望之以取其势，近看之以取其质。真山水之云气，四时不同：春融冶，夏蓊郁，秋疏薄，冬黯淡。……真山水之烟岚，四时不同：春山淡冶而如笑，夏山苍翠而如滴，秋山明净而如妆，冬山惨淡而如睡。

我们说“视觉思维”的主要功能是“看”，是审美主体对审美对象的观察和思考。庄子濠上观鱼，看到“鯈鱼出游从容，是鱼之乐也”，并由此引出了“子非鱼，安知鱼之乐”“子非我，安知我不知鱼之乐”的千古论辩经典。其实，这里由“观鱼”到“知鱼之乐”，正是观鱼者内心情感的活动轨迹，是一种思维形式。柳宗元《邕州柳中丞作马退山茅亭记》中提出的“美不自美，因人而彰”，说的就是美产生于审美主体的主观思维。“举头望明月，低头思故乡”，李白从明月中“望”出了乡愁。“日月之行，若出其中，星汉灿烂，若出其里”，大海吞吐日月的雄浑气势，正是曹操扫平群雄、统一天下的壮阔胸怀的写照，借壮观抒豪情。有趣的是，眼睛也是被看的对象，因为眼睛是心灵的窗子。孟子说：“存乎人者，莫良于眸子，眸子不能掩其恶。胸中正，则眸子瞭焉；胸中不正，则眸子眊焉。”（引自《孟子·离娄上》）我国晋代著名画家顾恺之画人物“或数年不点目精，人问其故，顾曰：‘四体妍蚩，本无关于妙处；传神写照，正在阿堵中’”（引自《世说新语·巧艺》）。也就是说你在对方眼睛里可以看出他内心情感的微妙变化，所谓“眉目传情”也就是用眼睛“说话”。这种无声的语言形式，也是思维的外化，它是对有声语言的超越和补充。柳永《雨霖铃》中的“执手相看泪眼，竟无语凝噎”，千里烟波，万种风情，离情备足，都在眼泪中“诉说”。这和苏轼为怀念亡妻写的《江城子》中“夜来幽梦忽还乡，小轩窗，正梳妆。

相顾无言,惟有泪千行”同一机杼。这种“无言之美”的艺术妙谛正在于它以有限表无限,思接千载,视通万里,让你在艺术空间里驰骋想象,可谓以无语胜多语。老子的“大音希声”正是这种无言之美的哲学概括。俗话说:“金刚怒目,不如菩萨低眉。”这也是从视觉思维角度来说的。朱光潜在他的《无言之美》一文中说:“所谓怒目,便是流露。所谓低眉,便是含蓄。凡看低头闭目的神像,所生的印象往往特别深刻。最有趣的就是西洋爱神的雕刻,他们男女都是瞎了眼睛。这固然根据希腊神话,然而实在含有美术的道理,因为爱情通常都在眉目间流露,而流露爱情的眉目是最难以比拟的,所以索性雕成盲目,可以耐人寻思。”这里的所谓“寻思”,就是给人以想象和联想,它是不可穷尽的。

人类认识世界的渠道,主要是靠视觉和听觉(当然还有触觉、味觉和嗅觉)。前面我们对视觉思维进行了讨论,下面我们再对听觉进行探讨。“听”的功能不仅仅是接受物理声音,而且也是一种思维活动。人类的生命历程就是由婴儿的第一声啼哭开始,又从声音的最后停止而离开人世,声音与人的生命相始终。人类在生命的历程中是如何认识世界、感知世界的呢?黑格尔说:“无须取实践的方式去应付对象,就可以听到物体内部震颤的结果,所听到的不再是静止的物质的形状,而是观念的心情活动。”(引自《美学》第三卷)这和庄子所说的“听之以耳,听之以心”“听之以气”以及文子的“耳听”“心听”“神听”意思相近,都在说明“听”也是一种思维活动,而且较之与视觉更接近于“心”。因为视觉感知世界是“向外”的,而听觉感知世界则是“向内”的。视觉是线性思维,可以一目了然,而且远望可以当归,是远望思维的延伸和超越。唐代诗人柳宗元“若为化作身千亿,散向峰头望故乡”(《与浩初上人同看山寄京华亲故》),就是登高望远,望中思归的形象写照。听觉则是一种间接思维。耳朵的功能不仅仅是生理上的“听”，它还需要调动全身心的器官去“倾听”“谛听”，正如加拿大学者埃里克·麦克卢汉所说：“听觉空间是没有中心，也没有边缘的空间……声觉空间是有机的，不可分割的，是通过各种感官的同步互动而感觉到的空间。”（引自《麦克卢汉精粹》）也就是说你需要经过用心领会，仔细思考才能间接地感知对象，才能以声知音，以音知心。据《吕氏春秋》记载，“伯牙鼓琴，钟子期听之”，钟子期在俞伯牙的琴声里听出了“善哉乎鼓琴，巍巍乎若泰山”，“善哉乎鼓琴，汤汤乎若流水”；《史记》记载了卓文君从司马相如的琴声里，听出了凤求凰的倾慕之意；听众能从贝多芬的《月光奏鸣曲》中“听”出月光的皎洁。这说明耳朵不仅是生理器官（中国古人在创造“聽”字时，就包含有耳、目、心三种人体器官），同时也是思维器官，它为我们创造了一个没有边缘的更为丰富的意义空间，甚至创造出了听觉思维意义上“听政”“听讼”“听察”“听览”等词语。

庄子在《人间世》中提出了“无听之以耳而听之以心，无听之以心而听之以气”的哲学命题。这里的“听之以耳”是从生理功能上来说的，是感觉，“听之于心”则是从思维角度上来说的（古人误以为心是思维器官，故云），是知觉。“听之以气”也可以理解为听之以无（虚），是悟觉。这段话原是孔子回答颜回所问的“敢问心斋”是什么意思。仲尼曰：“若一志！无听之以耳而听之以心，无听之以心而听之以气。听止于耳，心止于符。气也者，虚而待物者也。唯道集虚，虚者，心斋也。”（《庄子·人间世》）庄子在这里把“气”解释为“虚”。北宋张载继承了这一说法，提出“太虚即气”（《正蒙·太和篇》），又说“太虚无形，气之本体”（《正蒙·乾称篇》）。明代王廷相说：“气者，造化之本。”（《慎言·道体篇》）他们都把“气”理解为世界万物之本源，是构成天地万物的始基物质。正如清戴震所说：“气也者，形而下之器也。”（引自《孟子字义疏证》）那么庄子为什么说“听之以心”不如“听之以气”呢？这就与他在《庄子·齐物论》中所提出的“天籁”“地籁”“人籁”的命题有关。所谓“地籁”指“地籁则众窍是已”，是风吹万窍所发出的声响；所谓“人籁”是“人籁则比竹是已”，是指人吹箫管所发出的声音。此两种声音都要受到外界力量的制约，而唯有“天籁”是“夫吹万不同，而使其自已也，咸其自取，怒者其谁邪？”（《庄子·齐物论》）这是完全摆脱任何外力的约束，万物各自发出自己的声音，是在自然状态下天然而生的自然之响，因而胜于地籁与人籁，是世上最美的声音。由天籁构成的乐曲为“天乐”。《庄子·天道》曰：“与天合者，谓之天乐。”也即与天地自然相和合的曼妙而又和谐的声音是最美的声音。这种最美的声音皆出自空虚的地方，所谓“气也者，虚而待物者也”，是可以发挥无限想象的艺术空间，这当然要比依赖于人的吹奏，受制于人心思维约束的声音即“听之以心”更为动听，更具美感。这种以“虚空”立论，表达崇尚自然之美，反对人工雕琢的美学思想，对后代提倡自然美、本色美的理论产生了深刻影响。《宋书·陶潜传》载：“潜不解音声，而畜素琴一张，无弦。每有酒适，辄抚弄以寄其意。”陶渊明在他的无弦琴上，以无胜有，“听”到了大自然丰沛的声音，其抚弄以寄意，犹如佛教徒的顶礼膜拜，虽无声而内心却充满了无限虔敬之意，是一种丰富的内心活动。更有趣的是，20世纪40年代西方著名的现代派作曲家约翰·凯奇创作了一首震惊西方的《4′33″》，此曲据说是演奏者坐在钢琴前并不弹奏，静坐4分33秒后谢幕。这种貌似愚弄听众的“乐曲”，却是“此时无声胜有声”的，它让你在无声的场景里，听到了大千世界的生活本真，“听到了邻座的喘息声，后排椅子的摩擦声，节目单的翻页声，拼命压抑但终于无法控制的咳嗽声……”（引自田青《禅与乐》）这里没有优美的旋律，明快的节奏，和谐的调式，清浊不同的音色等音乐元素。但是它却呈现了生活的“原生态”，打破了人们对“音乐”理解的思维定式，打破了艺术与日常生活的界限，“用偶然、自然的音响代替作曲家精心创造、演奏家完美演奏的音符”（同上）。当然，我们不能说西方现代派的音乐理念是完美无缺的，但我们不难发现，原来音乐也可以是这样的，它不仅可以表达人类的情感，同时也可以“描绘”生活本身。应当说，这和我国老子的“大音希声”，庄子的“天籁”“听之以气”的哲学理念是一致的。它告诉你如何在“听”的思维下去感悟世界、认知世界和思考世界，这是一种不受任何外来干扰的“听思维”。所以英国诗人济慈说：“听得见的声音固然很美，听不见的声音尤其更美。”（引自《希腊花瓶歌》）这话听起来很玄奥，但很富有哲思。难道听众买票到音乐厅是去聆听“无声”的吗？为什么东西方艺术家都认为无胜于有呢？这涉及艺术哲学中的深层次问题。《老子》第四十一章提出“大音希声，大象无形”的哲学命题，第十四章又说“视之不见名曰夷，听之不闻名曰希”。简言之，即听不到的那个声音谓之“大音”。三国魏时的玄学家王弼是一个强调“贵无”“贱有”的哲学家，他在《老子注》中对“大音希声”的注解是：听之不闻名曰希，不可得而闻之音也。有声则有分，有分则不宫而商矣，分则不能统众，故有声者非大音也。所谓“众音”是指宫、商、角、徵、羽五音，五音又各不相同，是有分别的，弹宫音就听不到商音，更听不到五音，即“不能统众”，不能统帅五音就不是大音。那么，哪个音才是大音呢？答案是“希声”。因为只有在无声的音域空间里才能包括所有的音。《庄子・齐物论》：“有成与亏，故昭氏之鼓琴也。无成与亏，故昭氏之不鼓琴也。”郭象注曰：“夫声不可胜举也，故吹管操弦，虽有繁手，遗声多矣。而执籥鸣弦者，欲以彰声也。彰声而声遗，不彰声而声全。故欲成而亏之者，昭氏之鼓琴也;不诚而无亏者,昭氏之不鼓琴也。”意思是说昭氏鼓琴只能听到“偏而不全”(即“亏”)的声音,他不鼓琴反倒使人想象到“全”(无“亏”)的音乐美。正如冯友兰先生所说“大音”必须是“希声”,就是说没有声音。正因为没有声音,所以它才可能是这种声音,也可以是那种声音。故庄子说“至乐无乐”(《庄子·至乐》)。老庄哲学为我们提供了艺术中无胜于有的理论依据,在诸多艺术门类中,艺术家们把“无与有”“虚与实”的艺术辩证关系演绎到了极致。有这样一个故事,一人到古字画商店挑选了一幅画,画上画了一牧童牵牛过桥,牛因怕水而不敢上桥,牧童则用力拽拉。买主看过之后,约定明日来取。晚上,字画商人发现画中牧童手中没有缰绳,怕被买主发现,就偷偷地在牧童与牛之间添上了一根缰绳。次日买主如约而至,发现牧童手中有了缰绳,就说我不要了,老板问为什么,买主说,我买的就是那幅没有缰绳的牵牛图,因为它能以无显有,把牧童用力拉,牛使劲往后退的神韵表现得入木三分,今你添上了这条缰绳,神韵全无,此画的艺术价值也就没有了。这则故事说明了在绘画中以无显有,以无象表有象,以无形表有形,更富有审美情趣,它增加了欣赏者的艺术想象力。

白居易的《琵琶行》中“此时无声胜有声”之所以成为千古绝唱,正是由于它道出了“以无胜有”的艺术真谛。它既是诗人自身的感受,又是音乐演奏的客观效果。《礼记·乐记》曰:“乐者,心之动也;声者,乐之象也。”如果从音乐形象这一层面来分析,诗歌对乐曲的描写是把“可听”变为“可视”,是变无形为有形。“大弦嘈嘈如急雨,小弦切切如私语。嘈嘈切切错杂弹,大珠小珠落玉盘。间关莺语花底滑,幽咽泉流冰下难。”这里既有形容又有比喻,形容颇为恰切,比喻亦形象生动。“大弦嘈嘈”“小弦切切”是形容,是听觉形象;“如急雨”“如私语”则是比喻,是视觉形象。“大珠小珠落玉盘”一句,更是以视觉出听觉,惟妙惟肖,堪称描写音乐形象的经典。清代琴学家蒋文勋在谈到白居易《琵琶行》一诗时说:"形容有形之物,尚难逼肖,况无形乎?若风之无形,尚可托诸有形,'过江千尺浪,入竹万竿斜'是也,而传鼓琴指下之妙,尤其最难者也。古来善写音乐音声之妙者,莫如白香山。其于《琵琶行》,可谓妙极形容矣。千载而下读之,宛如身在浔阳江头听琵琶声也。"(引自《琴学粹言》)那么白居易所说的"此时无声胜有声"又当如何理解呢?众所周知,音乐是"听"的艺术,音乐的本质是传递感情。声音是音乐的外壳,"声者乐之象也",乐音的轻、重、缓、急、抑、扬、顿、挫就是乐音的流动形式所表现出来的情感轨迹,它是对心灵状态的描述。北齐时期的音乐家刘昼在《刘子》中说:"乐者,天地之声,中和之纪,人情之所不能免也。人心喜则笑,笑则乐,乐则口欲歌之,手欲鼓之,足欲舞之。歌之舞之,容发于音声,形发于动静,而入于至道。……荆轲入秦,宋意击筑,歌于易水之上,闻者瞋目,发直穿冠;赵王迁于房陵,心怀故乡,作山水之讴,听者呜咽,泣涕流连。"这是从听者的感受来谈音乐的感染力量,是"有声之妙"。清代琴家祝凤喈在谈到音乐的社会功能时说:

> 乐曲以音传神,犹之诗文以字明其意义也。然字义之繁,累之万千,乐音则止此五二(五正二变之音)而已,该乎人事万物,而无所不备。其为音也,出于天籁,生于人心。凡人之情,和平、爱慕、悲怨、忧愤,悉触于心。发于声,而即此五二之音也。因音以成乐,因乐以感情,凡如政事之兴废,人身之祸福,雷风之震飒,云雨之施行,山水巍峨洋溢,草木之幽芳荣谢,以及鸟兽昆虫之飞鸣翔舞,一切情状,皆可宣之于乐,以传其神而会其意者焉。
>
> (引自《与古斋琴谱·制琴曲要略》)

由此可知，音乐是对语言的超越，盛衰、吉凶，君子、小人，莫不存乎声音，“故曰乐之为观也深矣”（语出《吕氏春秋》）。明末著名琴家徐上瀛在他所著《大还阁琴谱》中提出“至于弦声断而意不断，此政无声之妙”。这一命题有两层意思：其一，音乐既表情又含意，既可以表达人类的喜、怒、哀、乐之情，又可以表达语言无法表达的心灵感受。音之悠扬，犹如暗香飘远，似有若无。白居易《琵琶行》的“间关莺语花底滑”，用“滑”音来表达“莺语花底”，而语言则只能用逻辑语言叙说，不能表达出这种感情变化的律动，乐音则可直指人心。那么“滑”是一种什么音流呢？明代琴家冷仙《琴声十六法》曰：“滑者，溜也，又涩之反也。”意即欢快流畅之意，它与涩音相反。涩音是“缓缓流出，若流泉之呜咽，时时滴滴不已，故曰涩”。所以说由“莺语花底”到“冰泉冷涩”既是乐音运动形势之变化，又是琵琶女情感变化之形象表现。此弄操者寓意于声，而听众则可于声求意。诗人从“琵琶语”中听出了琵琶女的“幽愁暗恨”。这比听她的有声语言更拨动心弦，穷尽感情。故《淮南子·说林训》曰：“听有音之音者聋，听无音之音者聪，不聋不聪，与神明通。”道家认为“彰声而声遗，不彰声而声全”，只有“不聋不聪”“有无相生”才能达到声音美的极致。现代美学认为，声音之美既是有形有声的，又是无形无声的，只有达到“有”与“无”的统一，才是美的最高境界。因此，在白居易的《琵琶行》中，前有“嘈嘈切切错杂弹，大珠小珠落玉盘”，后有“冰泉冷涩弦凝绝，凝绝不通声暂歇”。这种“有”与“无”的结合，才会让你驰骋想象，产生“此时无声胜有声”的艺术效果。其二，音乐是抒情的，又是表意的。《淮南子·齐俗训》中提到“情发于中而声应于外”，声显而意隐。听众于声求意，虽然“凝绝不通声暂歇”，就会出现无声场景的“空白”，然而听众的聆听并未终止，他们仍然沉浸在乐音所创构的意境之中，余音缭绕，不绝如缕，此所谓“声断而意不断”也。所以白诗在“凝绝不通声暂歇”一句后紧接着就是“别有幽愁暗恨生，此时无声胜有声”。因为此时打动听众心弦的已不再是乐音之动听与否，而是琵琶女的悲惨身世以及由此而产生的幽愁暗恨。所以诗人说“我闻琵琶已叹息，又闻此语重唧唧。同是天涯沦落人，相逢何必曾相识”，“座中泣下谁最多，江州司马青衫湿”。诗人之所以泪湿青衫，并非为“仙乐”所感，而是二人际遇相似，感同身受，在如泣如诉的琴声引导下，不期然地转向对人生的思考。正如《礼记·乐记》所说：“君子之听音，非听其铿锵而已也，彼亦有所合之也。”这里的所谓“合”，即指音与意之合，也就是声中寓意，音中含情。琵琶女的弦声虽断，然而琴声中所传递出来的幽愁暗恨并未消失，在充满哀怨情调的音域空间里，“无声”并非真无，而是如“撮盐入水”，似无实有。西晋陆机《连珠》说“繁会之音，生于绝弦”。也就是说，“绝弦”之后竟可“听”到五音繁会。琵琶女在“凝绝不通声渐歇”后，悲从中来，音寂而意远，意远则情生，“幽愁暗恨”正是她对艰涩人生的咀嚼。这种无中生有的艺术妙谛，正像陆机在《文赋》中所说的“课虚无以责有，叩寂寞而求音”，是一种声断意不断的“无声之妙”，它来自艺术的想象，是语言无法表达的直觉体验。柴可夫斯基说这是“灵魂在音乐上的自白”，禅宗则说“如人饮水，冷暖自知”。这种音乐上的“无声之妙”，如同绘画中的“空白”一样，是意到笔不到，留下想象的余地。清代画家张式《画谭》云：“烟云渲染为画中流行之气，故曰‘空白’，非空纸。空白即画也。”清代另一位画家笪重光说：“虚实相生，无画处皆成妙境。”由时间艺术的音乐“绝弦”，到空间艺术的绘画中的“空白”，其艺术通感是相通的。老子曰“知其白，守其黑”，是对诗词、书法、绘画、音乐诸类艺术中“空白”这一艺术规律的高度概括。

形象思维与抽象思维是两种不同的思维方式,它们既是密不可分的,又是互相不可替代的。毛主席的《在延安文艺座谈会上的讲话》是用抽象的理论阐发了艺术创作中的诸多重大理论问题,但是它不能代替《白毛女》《小二黑结婚》《黄河大合唱》等反映现实生活的艺术作品。前者是指导思想,是抽象思维,后者为艺术实践,是形象思维。有趣的是,我国古代却产生了许多富含哲理的诗歌,它们用艺术形象反映抽象哲理。一般来说,用诗的形式去阐发哲理,当然不好。如魏晋时期的玄言诗、隋唐时期的禅理诗,以及宋代的理学诗,没有诗味,为历代说诗者所诟病。钟嵘在他的《诗品·总论》中说:"永嘉时,贵黄老,稍尚虚谈,于时篇什,淡乎寡味。"这是针对玄言诗中谈玄说理、缺乏诗味所提出的批评。宋诗以意胜,长于析理。历来说诗者,褒贬不一。严羽在《沧浪诗话·诗辨》中就反对宋诗"以文字为诗,以才学为诗,以议论为诗",并在《诗评》中说"诗有词、理、意、兴。南朝人尚词而病于理,本朝人尚理而病于意、兴"。由此看出,他反对用诗的形式去"议论"、去"说理"的观点是非常明显的。至于僧人们所写的偈颂,用于宣传佛理教义,同样不受欢迎。因为这些偈颂是引领你"悟入"佛理,脱俗入佛,进入佛国净土,而不是像诗一样让你徜徉于艺术园地,得到美的享受。但是形象思维和抽象思维并非决然对立、泾渭分明,我们以佛教中传心示法的偈颂为例稍加说明。据说五祖弘忍将传法衣,上座弟子神秀先写了一个偈说:

身是菩提树,心如明镜台。
时时勤拂拭,莫使惹尘埃。

他以"菩提树""明镜台"比喻身心的慧心空静,说明要想"熄灭妄念”，进入涅槃境界，就必须日久修炼，“时时勤拂拭”（渐修），逐渐去掉尘俗妄念，方可修成正果，到达彼岸世界。但弘忍的另一弟子慧能却不这样认为，于是请人代写一偈（慧能不识字）：

菩提本无树，明镜亦非台。
本来无一物，何处惹尘埃。
（案：“本来无一物”句，敦煌本作“佛性常清净”，今从《坛经》本。）

慧能认为佛即在自性中，自性顿悟，见性成佛，“平常心是道”，即所谓“一念若悟，众生是佛”（《坛经》）。不必像传统佛教所主张的那样，以念佛、读经、明律、坐禅等去修行，也就是说刹那之间，自性顿悟，便可成佛。不必像神秀那样主张“渐修”成佛。于是首创“顿悟”之说，开“南顿北渐”二宗。慧能对佛性“虚空”的领悟显然高于神秀，于是五祖弘忍将法衣密传慧能，是为六祖。这两首著名的偈颂显然是在传心示法，宣扬“色即是空，空即是色”的佛家教义，且是用禅家语道禅理，没有艺术形象，更无审美意义上的诗味。故而不能称之为诗。但是在唐代之后，偈颂逐渐走向诗化，在宣示佛理方面，增强了禅偈的教化作用，被芸芸众生所接受，在隋唐之后，出现了许多僧诗和诗僧。僧诗的最大特点在于它在枯燥的禅理中渗入了形象思维，使人在刹那顿悟后进入涅槃境界。应当说这是形象思维与理性思维互渗后衍生出的艺术之花。明僧普荷说：“禅而无禅便是诗，诗而无诗禅俨然。”（《滇诗拾遗》卷五）也就是说，有禅意而无禅语便可视之为诗。例如唐代德诚禅师（船子和尚）写了一首禅偈：“千尺丝纶直下垂，一波才动万波随。夜静水寒鱼不食，满船空载月明归。”（《五灯会元》)这首禅偈是以诗趣通于禅趣。丝纶下垂其意在鱼,鱼者,利之所在,是物质欲念,按照"欲界无禅,禅界无欲"(引自《景德传灯录》)的禅宗理念,要想解脱人世间的烦恼,就必须做到"六根清净",无欲无念。此首禅偈中所创造的空明静寂的月光境界是一个没有任何物质欲念的禅界,依照现代美学理论来理解,空明的月光是一个审美对象,而非物质欲求的对象。所以诗中的"钓者"虽无鱼而归,但却是"满船空载月明归",一个"满"字,一个"空"字,均指向月光。从艺术的角度看,"满"和"空"这两个对立的概念,巧妙地为我们营造了一个蕴藉隽永的艺术境界,"反常合道"始有"奇趣"。就像一则公案中的两句禅偈所示"竹影扫阶尘不动,月穿潭底水无痕",既诗趣洋溢,又禅趣无穷。如果从宣示禅理的角度看,诗中的"钓者"虽无鱼而归,是"空",是欲界物质的"空",然而他又满船"空载"月明而归。说它"满",意味着皓月当空,满船皆明,充满禅意;说它"空",乃是因为月色无形无象,满天月光不可盈把,是实实在在的"空",而"空无"正是禅界的理想境界,是佛家的当行本色。所以说"钓者"失去了欲界的"鱼",而获得了禅界的"空",正如王士禛所说:"舍筏登岸,禅家以为悟境,诗家以为化境,诗禅一致,等无差别。"(《带经堂诗话》卷三)因此说这首禅偈既有诗趣,又有禅趣,而且是诗趣融于禅意的好诗。类似这种充满禅意而又诗趣盎然的优秀诗歌,在唐代近禅诗人王维、孟浩然、贾岛、柳宗元、皎然以及宋代苏轼、黄庭坚、王安石、杨万里、陈师道等诗人的作品中,可以说比比皆是。

以上我们从禅理与诗趣的互渗融合层面举例说明了形象思维与抽象思维既密不可分,又不可替代的艺术辩证道理。而我国古代的哲理诗却正是以形象思维的方式巧妙地表现了抽象哲理的艺术奇葩。例如苏轼的《题西林壁》:

横看成岭侧成峰，远近高低各不同。
不识庐山真面目，只缘身在此山中。

这是一首写游山体验的诗，重点是写山形而非写景。前二句是写庐山，“横看”是一座连绵起伏的山脉，“侧看”则是一座壁立千仞的山峰；“远观”则低，“近察”则高。诗人从以上四个角度来观察庐山，获得的印象各不相同。后二句则是回答“各不同”的原因。所谓“真面目”者，一是指庐山的整体面貌，二是指庐山究竟是山、是峰、是高、是低。也就是说，之所以无法科学地说清楚原因，“只缘身在此山中”。若用一句现代语言来加以概括，即“当局者迷，旁观者清”。总体来看，诗人由游山而悟出了看问题的“事理”，后人又由这种自然中的“事理”，进一步生发出了人生哲理。王水照在《苏轼选集》中说：“诗人感兴之间，哲理在其中，未必演绎理念。”诗人正是通过对庐山的观察，形象地说明观察事物若陷于主观，就会不客观、不全面；看问题若角度不同，得出的结论就会不同。这种以形象来说明事理的诗歌就富有理趣，可称之为“哲理诗”。用诗说理，历来受人诟病，前面已提到南宋严羽反对“以文字为诗，以才学为诗，以议论为诗”，今人钱锺书先生也说“宋诗还有个缺陷，爱讲道理，发议论，道理往往粗浅，议论往往陈旧，也煞费笔墨去发挥申说”（引自《宋诗选注》序）。以上所举先哲时贤的看法，自有其道理在，也可以说是切中肯綮的。例如清沈德潜《说诗晬语》列举邵雍诗“‘一阳初动处，万物未生时’，以理语成诗矣”。意思是说，宇宙间只有阴阳二气之交合，才能化生万物，但是在阳气初动之时，未能与阴气交合，则不能化生万物。这种以理学家的“理语”写诗，的确是“味同嚼蜡”。苏轼《题西林壁》诗既有形象又有诗趣，且富有哲理，把人世间的人情物理托之于庐山这一形象，就显得入情入理，又鲜明生动。因此我们可以说苏轼《题西林壁》诗，既含有诗趣又富有理趣，是一首以理入诗的好诗。

从以上对苏轼《题西林壁》诗的简单分析中，我们可以看出诗人原意并非专为演绎哲理，而是在对庐山的横看、侧看、远观、近察后悟出了“不识庐山真面目”的原因正是“只缘身在此山中”的这个道理。这是形象化的抽象，是情中含理。这首诗之所以不让人感到枯燥乏味，就是因为诗人把“理”融入了情中，这个“情”就是诗人对庐山观察后的感受，这个感受又不是概念化的直白说出，而是“托物连类以形之”（沈德潜语），故而千载之下，流播众口，长盛不衰。

在我国古代，类似这种以形象思维去演绎抽象哲理的诗歌，可以说俯拾即是。试举名句如下：

它山之石，
可以攻玉。
——《诗经·小雅·鹤鸣》

山不厌高，
海不厌深。
——曹操《短歌行》

欲穷千里目，
更上一层楼。
——王之涣《登鹳雀楼》

新松恨不高千尺，

恶竹应须斩万竿。

——杜甫《将赴成都草堂途中有作，先寄严郑公五首》（其四）

大海从鱼跃，
长空任鸟飞。

——玄览

沉舟侧畔千帆过，
病树前头万木春。

——刘禹锡《酬乐天扬州初逢席上见赠》

野火烧不尽，
春风吹又生。

——白居易《赋得古原草送别》

曾经沧海难为水，
除却巫山不是云。

——元稹《离思五首》（其四）

近水楼台先得月，
向阳花木易为春。

——苏麟《断句》

竹外桃花三两枝，
春江水暖鸭先知。
——苏轼《惠崇春江晚景》(其一)

山重水复疑无路，
柳暗花明又一村。
——陆游《游山西村》

问渠那得清如许，
为有源头活水来。
——朱熹《观书有感》

落红不是无情物，
化作春泥更护花。
——龚自珍《己亥杂诗》(其五)

从以上所列举的这些富含哲理的诗句中可以看出，不管是刻意说理或是景中含理，都必须通过艺术形象这个媒介，也就是西方人所说的“把哲理披上美丽的外衣(艺术形象)”，才更易让人参透哲理，感悟人生。比如，你若想表达“只有站得高，才能望得远”这样一个理性化的概念，就不如王之涣的“欲穷千里目，更上一层楼”富有理趣，更有诗味。原因就在于前者是概念推理，是抽象思维，后者是景中含理，变抽象说理为形象喻理，是形象思维。王夫之说得好：“非谓无理有诗，正不得以名言之理相求耳！”(引自《古诗评选》卷四)所谓“名言”就是指概念化的“理语”，他的意思是说诗歌不是不可言理，而是不可用“理语”言之，要用艺术化、形象化的语言才行。这与潘德舆所说的“理语不必入诗中，诗境不可出理外”（《养一斋诗话》卷一），意思是相通的。

三、意象思维及其特征

所谓意象思维，简言之就是凭借意象进行思维。换言之，即通过融入了主观情意的客观物象来表情达意的思维就是意象思维。它不同于正常的逻辑思维，也不是那种正常语法规则指导下的思维模式，而是一种以“象”为媒介的表意方式。如果我们把以象表意的思维模式定义为意象思维，那么形象思维中不是也要创造形象吗？这就涉及二者之间的异同问题。二者相同之处在于它们都要在现实生活中对自然物象进行筛选、加工、提炼，创造形象。不同之处在于形象思维要把死板的“理论”变为鲜活的“形象”，即“典型环境中的典型形象”（别林斯基语）。所以说形象思维的特点是通过集中、概括、加工、提炼、塑造典型，以个性反映共性，揭露事物的本质。而意象思维的特点就在于它的象征性、比喻性、具象性和多义性。艺术家在创作构思过程中需要把自然物象感情化、具象化、寓意化。比如前面曾谈到的鸽子象征和平这个意象。“和平”是一个抽象的概念，如果用鸽子象征和平，就是变抽象为具象。但鸽子不具备典型性，它不能以个性表共性、以个别表一般。也就是说，只有在“鸽子象征和平”这一特定的语境中，鸽子才具备了象征性意义。而形象思维则可以对自然世界和社会生活中诸多自然物象和原型素材进行选择、提炼、加工、集中、概括，创造出具有普遍意义的艺术典型。歌剧《白毛女》中的白毛女，鲁迅笔下的祥林嫂等具有典型意义的人物形象，都具有高度的典型性和概括性，你可以在现实生活中“看”到许许多多的白毛女和祥林嫂。然而在屈原笔下的“香草美人”意象就不具备这种典型意义，它仅仅是一种象征客体，只有这种象征客体承载了象征意义时，才能合二为一，浑然一体，假象见义，创造出鲜活灵动的审美意象。例如郑板桥笔下的“竹”意象，对于诠释意象的特征颇具代表性：

江馆清秋，晨起看竹，烟光日影露气，皆浮动于疏枝密叶之间。胸中勃勃，遂有画意。其实胸中之竹，并不是眼中之竹也。因而磨墨展纸，落笔倏作变相，手中之竹，又不是胸中之竹也。

（《板桥题画》）

郑板桥所说的“眼中之竹”，就是指自然世界中的植物中的竹，是没有经过画家意匠经营的自然物象。“胸中之竹”则是融入了画家主观情意的竹。正如他在《画兰竹石》中所说：“瘦劲孤高，枝枝傲雪，节节干霄，有似乎士君子豪气凌云，不为俗屈。”画家借用自然之竹表达了士君子的“瘦劲孤高”“不为俗屈”的凌云豪气。与其说他是在画竹，不如说他是在写人，其象征意义是十分明显的。以象表意，托物言情，意内象外，浑融为一，这正是意象思维的本质特征。因此画家在作画时，就不必拘泥于自然之竹的枝之多少，叶之疏密，只要能写出“胸中之逸气”，就不必计较“似与不似”的问题。正如郑板桥在《画竹》中所说：“一两三枝竹竿，四五六片竹叶。自然淡淡疏疏，何必重重叠叠？”这就涉及画论中“神似”与“形似”问题。大凡谈到这一问题，学者多会举出苏轼“论画以形似，见与儿童邻。赋诗必此诗，定知非诗人。……”与晁以道和公诗“画写物外形，要物形不改，诗传画外意，贵有画中态”加以阐释。苏诗意在强调神似，晁以道则强调神似必须以形似为基础。杨慎在《升庵诗话》中说：“其（苏东坡）言有偏，非至论也。晁以道和公诗……盖欲以补坡公之未备也。”此话说得有道理，因为杨慎强调的是形神兼备。意象的特征之一就是它的具象性，它必须寓意于具体物象之中，如果没有适宜的物象，意何附焉？所以艺术家在“取象”时，就必须选取那些与“意”有某种契合点的象，使物象恰能称情。王夫之说：“外有其物，内可有其情矣；内有其情，外必有其物矣。……絜天下之物，与吾情相当者不乏矣。”（《诗广传》）也就是说，尽管人的情绪缥缈抽象、纷繁杂乱，但都可以在外界找到与之相适应的客观对象，这样读者就可以通过联想了悟诗画中的意蕴。形是手段，神才是目的，也可以说形是外壳，神是内核。比如前面所谈“竹”意象，就是艺术家要表现士君子的“瘦劲孤高”“不为俗屈”的高尚情操，因此选取竹意象就最为适宜，因为竹子“未出土时先有节，便凌云去也无心”（引自宋徐庭筠《咏竹》）。它与士君子的正直、劲节、孤高、虚心有着某种内在本质的相似性，以物托情，物恰称情。于是，“竹”就成了士君子正直、劲节、孤高、虚心的形象符号。如果把竹子换成桃花、杏花，那样就会物不称情，失去了艺术的表意效果。所以晁以道才说：“画写物外形，要物形不改。”所谓“物外形”，是指画外所象征的虚象，即士君子的孤高、劲节、耿直的品格。所谓“形不改”，即指画中竹子的挺拔、正直、瘦劲的自然形态。意象正是“画中态”和“画外意”的有机融合，也可以说是形和神的有机统一。

宋周敦颐的《爱莲说》中以莲花的“出淤泥而不染，濯清涟而不妖，中通外直，不蔓不枝，香远溢清，亭亭净植”等物貌特征比喻君子的高贵品格，这同郑板桥以竹喻人同一机杼。正如清盛大士所说：

“作诗须有寄托，作画亦然。旅雁孤飞，喻独客之飘零无定也；闲鸥戏水，喻隐者之徜徉肆志也；松树不见根，喻君子之在野也；杂树峥嵘，喻小人之昵比也；江岸积雨，而征帆不归，刺时人之驰逐名利也；春雪甫霁，而林花乍开，美贤人之乘时奋兴也。”（《溪山卧游录》）这些都是意象思维比喻性特征的精妙范例。由此可知，艺术家创造意象的过程，也就是意象思维的过程。意象思维是由物象而意象的嬗变思维，它是“具体化了的感觉”（艾青语），是一种以物象为基础、以想象为桥梁的思维模式。没有物象就无法“观物取象”（《周易·系辞下》），没有想象就无法变物象为意象，就无法产生“象外之象”，使作品达到“言有尽而意无穷，则神爽飞动，手舞足蹈而不自觉”的境界。所以明代李东阳说：“此诗之所以贵情思而轻事实也。”（《麓堂诗话》）这和同一时期的谢榛所说“凡作诗不宜逼真……妙在含糊，方见作手”（见《四溟诗话》）意思是一致的。

中国是一个诗的国度，在古代诗歌中，抒情诗又优于叙事诗，故情景问题就成了诗歌构思过程中的突出问题。如何融情于景，达到情景交融，形成意象表情达意，这是艺术所追求的至境。关于情和景的关系，清代王夫之的论述最为精妙，他说“情景虽有在心在物之分，而景生情，情生景，哀乐之触，荣悴之迎，互藏其宅”，又说情景“名为二，而实不可离。神于诗者，妙合无垠。巧者则有情中景，景中情”（见《姜斋诗话》）。比如他举例说：“景中情者，如‘长安一片月’，自然是孤栖忆远之情。”这是李白《子夜吴歌·秋歌》诗的第一句，为了赏析的方便，我们把全诗抄录了下来：

长安一片月，万户捣衣声。
秋风吹不尽，总是玉关情。

何日平胡虏,良人罢远征。

全诗是写征夫之妻秋夜月下怀思远征在外的丈夫,希望早日结束战争,夫妻团圆。望月怀人,托物寄意,是传统的比兴手法。杜甫就有“今夜鄜州月,闺中只独看。遥怜小儿女,未解忆长安。……”(《月夜》)杜诗是从对方写起,借月起兴,把自己对妻儿的焦心怀念,用妻子的望月相思反衬得深沉凄婉。“长安一片月”是“景语”,王国维说“一切景语皆情语也”(《人间词话》)。月色如水,捣衣声声,为征人准备冬装,这就包含了妻子对丈夫的关怀和思念,因此看似写景,实为抒情。这种“孤栖忆远之情”,如果正言直叙,就索然无味,远不如融情于景,“化景物为情思”(范晞文语),借声色以抒怀,意蕴深婉,余味无穷。这和19世纪瑞士哲学家阿米尔(Amiel)说的“一片自然风景就是一种心情”意思相通。所以王夫之说:“语有全不及情而情自无限者。”(《古诗评选》)这种看似纯属写景的诗句,其中所包含的“景中情”,也只有深于诗者能悟出其中三昧。正如朱光潜所说:“物(景)的意蕴深浅与人的性分情趣深浅成正比例。深人所见于物者亦深,浅人所见于物者亦浅。诗人与常人的分别就在此。”(《朱光潜美学文学论文选集》)朱先生在这里只是就诗歌艺术来谈意象问题。其实,诸凡艺术都涉及意象问题,因为意象是艺术的本体。比如,音乐中就有“乐者,心之动也;声者,乐之象也”(《礼记·乐记》);绘画中的“以形写神”(晋顾恺之语),“山水以形媚道,而仁者乐”(宋宗炳语)等,都是谈的意象问题。戏剧是动作的艺术,没有动作就没有戏剧。京剧《拾玉镯》中那个妙龄少女孙玉姣绣花却无针线,喂鸡却没有鸡,全凭演员的虚拟动作,观众却认假为真,这个虚拟动作就是戏剧中的意象。《三岔口》中的夜斗,尽管舞台上灯火通明,然而观众仍作“夜”观，这个表现“夜”的虚拟动作就是“意中之象”。小说是语言艺术，叙述是它的本质属性。鲁迅先生的小说《药》就是通过华老栓用“人血馒头”为华小栓治病的故事情节，深刻揭露了当时国民之愚昧和麻木，用烈士的鲜血来“治病”。其中的“人血馒头”就是一个象征性意象，其寓意就是讽刺和揭露了国民的愚昧自私和麻木。小说结尾又出现了烈士夏瑜的坟上有一个“圆圆的排成一圈”，没有根，不像自己开的“花圈”，这个花圈就是一个意象，它暗示广大人民并没有忘记烈士为革命献身的精神，并且也含有“革命自有后来人”的寓意。从以上所举例证来看，艺术中的意象，不仅是意和象的辩证统一，也是心与物、情与景、形与神的辩证统一。然而有些艺术从表面上看，却是有意而无象，有情而无景，有神而无形。譬如音乐，它是听觉艺术，也是“心情的艺术”（黑格尔语）。它的乐音通于心，感于情，是情感流动的轨迹，故听音可知情，情就是音乐中的意。故嵇康说：“哀乐之情，必形于声音。”（《声无哀乐论》）然而它却似乎无形无象，难道音乐中没有“象”吗？《礼记·乐记》中说“乐者，心之动也；声者，乐之象也”，“故人不耐（能）无乐，乐不耐无形”，“是故，清明象天，广大象地，终始象四时，周还象风雨。五色成文而不乱，八风从律而不奸……故乐行而伦清，耳目聪明，血气平和，移风易俗，天下皆宁，美善相乐”；《吕氏春秋》中说“凡音者产乎人心者也，感于心则荡乎音，音成于外而化乎内。是故闻其声而知其风，察其风而知其志，观其志而知其德，盛、衰、贤、不肖、君子、小人皆形于乐，不可隐匿，故曰，乐之为观也深矣”。这说明音乐之中具有可感性、可视性的表意（情）之象，不过这种“象”比较朦胧、虚幻而已，只能借助于“通感”变听觉形象为视觉形象。也就是说，一旦音乐中的旋律与人的某种心理与客观景物产生相同或相近的感受时，这时听觉表象就可以通过联想转化为视觉表象，使景象浮现眼前，这个抒情之音就是意象。今人作曲家吴祖强在给博士生上音乐欣赏课时，总把学生带到深山林区，让学生去聆听大自然的“天籁”，每当月满高楼时，他让学生到满月的操场上去聆听贝多芬的《月光奏鸣曲》，直到“听”到了月光为止。正如《礼记·乐记》中所说：“君子听钟声，则思武臣；君子听磬声，则思封疆之臣；君子听琴瑟之声，则思志义之臣；君子听竽笙箫管之声，则思畜聚之臣；君子听鼓琴之声，则思将帅之臣。君子之听音，非听其铿锵而已也，彼亦有所合之也。”这说明音乐中的意象是在类比联想中产生的，虽然朦胧、虚幻，然而它却意蕴情深，直叩心灵。故荀子《乐论》中说“夫声乐之入人也深，其化人也速，故先王谨为之文”，美国著名美学家苏珊·朗格在其《艺术与情感》中说“音乐使时间可听”。唐代诗人张继《枫桥夜泊》中的“夜半钟声到客船”一句，其中的“到”字，就把不可视、不可听的“时间”，由语象变为可视的心理意象。因为“到”字意味着时间的流动，由于通感的作用，通过联想，读者自可“有所合之”。王安石的“春风又绿江南岸”一句中的“绿”字，就是由颜色的视觉形象，变为时间流动的可视性心理意象。著名学者陈伯海在《中国诗学之现代观》一书中有一段关于意象的论述，很有见地。他说：“如果说情志是诗性生命的本源，那意象就是诗性生命的实体，因亦构成诗歌艺术的审美本体；离开了意象，便无从把握诗歌的内在生命情趣及其审美意蕴，故意象实可视为诗歌艺术生命之所系。……实际上物象、事象，乃至情态和意理的展呈，都可能构成意象。……情感本身是难以捉摸的，不加以意象化便不能观照和传达……没有意象便没有诗。”这里虽然是谈诗的意象，然而实亦通于音乐。因为音乐是情感化的艺术，听音就是听情，音乐中的曲调节奏和旋律就是音乐意象，只是这个意象是虚幻的、模糊的，只有变听觉意象为视觉意象(即通感),乐中之象才可呈现。西方美学家默里说:“必须从脑子里坚决摒除意象仅仅是或者主要是视觉的认识……意象可以是视觉的,可以是听觉的,或者可以完全是心理上的。”(转引自张孝评《中国当代诗学论》)前面谈到诗歌中的“时间可视”,实际上是心理层面上的联觉,例如宋蒋捷《一剪梅·舟过吴江》之“流光容易把人抛,红了樱桃,绿了芭蕉”,这里是慨叹时间的流逝。“时间”是不可视的,然而词人通过樱桃的果红,芭蕉叶之变绿,巧妙地用颜色变化来显示时间流逝的痕迹,变无为有,以实出虚,创造出一个“别构一种灵奇”的可视性审美境界。总之,诗歌用“景中情,情中景”(王夫之语),情景交融,创造意象;音乐用声中情,情中声(声是情的外壳,情是声的内涵),声外情内,创造意象,其理一也。

建筑是造型艺术,建筑的意象如何呈现呢?在讨论建筑意象之前,我们不妨先对建筑予以界说。什么是建筑呢?《周易·系辞下》曰:“上古穴居而野处,后世圣人易之以宫室,上栋下宇,以待风雨。”应当说,这个“上栋下宇,以待风雨”的“宫室”,就是人类史上最早的建筑物——房屋。建筑理论家赵鑫珊说:“什么是建筑呢?建筑就是在大地之上,苍天之下,人所建造的栖身场所。”(《建筑是首哲理诗》)这就是中国人对建筑的界定,这个“栖身场所”应当就是建筑的原初含义。如果说人类起源于劳动,是从创造第一件工具开始的,那么人类从穴居野处而住进了地面上简陋的茅草小屋,即可看作是人类将自己从自然界分离出来的里程碑式的质的飞跃。从这个意义上说,建筑的本质是人。《黄帝宅经》曰:“宅者,人之本。”人为了生存而与宅结缘,宅因成为人的活动空间而被称为“石头的史书”(雨果语)。也就是说,在若干年后,当历史发生了沧桑巨变,人们仍能从那些“秦砖汉瓦”中捡拾到当时的生活印记,与历史对话。因此,我们可以说建筑既是物质的，又是精神的。当原始人从阴暗潮湿的洞穴中住进了阳光之下的茅草小屋时，建筑给予人类的是功利性的快感。这种精神上的愉悦感，是由物质性的“舒适”带来的。正如鲁迅先生所说：“一切人类所以为美的东西，就在于它有用……倘不附着功用，那事物也就不见得美了。”(《鲁迅全集》第四卷)这个“有用即美”的说法，虽然不单指建筑，然而它应当包括建筑。因为从某种意义上说，人类不但因为有了语言，学会使用工具而区别于动物，同样也可以因为人类由穴居、树巢而住进了茅草小屋而区别于动物。建筑给予这一种群以“人”的定义。所以《黄帝宅经》所说的“宅者，人之本”是从人类起源的角度来立论的。在历史上曾经发生过“实用”和“审美”谁先谁后的争论，普列汉诺夫提出了“实用先于审美”(《普列汉诺夫美学论文集》)的观点。我国学者邓福星提出了“艺术和人类起源是同步发展”(《艺术前的艺术》)的观点。美学家王朝闻先生在《艺术前的艺术》这本书的序言中说：“人类早期的物质生产和精神生产是交织在一起的，没有可以分割的确定性的界限，因而他们的物质产品和精神产品在当时是混沌同一的。……在一定意义上看来，人类的第一件工具和人类第一件艺术品是有同一性的。即使最简陋的石器的制造，也顾及用起来方便、省力，以引起主体的快感，这种属于善的快感，伴随着或相应地引起了美的快感……在产生实用价值的同时，已经具备了一定程度的审美价值。”这一具有颠覆性意义的论断，在国内外引起了广泛关注。美国哲学家威廉·奈德在他的《美的哲学》一书中说：“事实上，只要洞穴一旦换上茅屋或者像北美印第安人那样的小屋，建筑作为一种艺术也就开始了。与此同时，美的观念也就牵涉其中了。”把建筑定义为房屋，这应当是一个最原始的界说，随着历史的发展，一些不具备居住功能的建筑物出现了，比如纪念碑、凯旋门、纪念塔、牌楼、亭台，等等，仅具有精神属性。例如中国的长城，原是军事上的防御工事，是一个具有实用目的的功能性建筑。然而，时过境迁，它的实用性消失了，除了历史的记忆之外，只有那蜿蜒起伏的曲线形体和那跳动不已的动感形象，让你识读出“匈奴未灭，何以家为”（霍去病语）的时代精神。在审美的观照下，它那种征服自然、雄视天下、百折不挠的刚健精神，时时鼓舞着中华儿女。“不到长城非好汉”正是这一雄伟建筑所弹奏出来的时代强音。

建筑是一种三维空间艺术，它不能像诗歌那样用文学语言去创造出含有丰富意蕴的意象，也不能像绘画那样用线条和色彩勾画出一个情景交融的意象世界，它只能以建筑语言去构成不同风格的建筑造型，表现某种精神、观念、情感和意境气氛，给人以不同的心理感受。比如北京的故宫，本是御理朝政的处所，帝王们意在君臣间构筑起一道不可逾越的纲常规范，借以显示出尊卑贵贱的等级观念和皇权的无比威严，所以皇宫越盖越高大，越建越辉煌，其恢宏大气的体量，庄重威严的气势，暗示出天子的至高无上。所以汉丞相萧何所说的“天子以四海为家，非令壮丽无以重威”（《汉书·高帝纪》），就是对皇权至尊观念的高度概括。这里的“壮丽”就是建筑意象中的“象”，所谓“重威”即指象中之意，是雄伟壮丽的宫殿折射出的威慑意念。

北京的四合院是一般民居的建筑形式（旧时多为官宦绅士人家居住），是人字坡顶的灰色瓦房建筑，通常是前堂后寝，以二进或三进院居多。廊院周回，墙壁四围，临街不开窗，北屋为正房，供长辈居住，子女住厢房，杂役仆人住南房（以月亮门或垂花门与主人住房隔开），正对大门是彩壁，以遮挡视线。这种极具封建性、封闭性的廊院四合的建筑形式，既含有和睦、合序、合气、和合之意，也具有浓厚的伦理观念和等级意识，是儒家“贵贱有等，长幼有序”封建理念的体现。几代同堂,以孝亲为精神支柱,维系着家族的和谐生存和延续。这种大屋顶覆盖下的方正结构空间,是旧时代社会文化的凝缩,是旧社会市民生活的物质化,它不仅是遮风挡雨的处所,而且也是品味人生的物质载体。正如黑格尔所说:"只有那种能抽象地暗示意义的作品,才能真正揭示出建筑艺术及其美的起源。"(转引自汪正章《建筑美学》)这种从精神层面来阐释建筑艺术美的起源,无疑是抓住了建筑意象的本质。

下面我们对书法意象进行探讨。所谓书法艺术是一种以点画(线条)为基本元素,以表达情感和追求形式美为目的的抽象艺术。它不同于一般意义上的文字书写,我们用汉字写文稿、订合同、立契约、写书信等,这些实用性很强的文字书写是一种交流工具,是沟通思想的媒介,我们只能称其为"写字",而不能视之为"书法",更不能誉之为"艺术"。那么,什么样的"字"才算是书法艺术呢?概括起来,有以下几条。

第一,书法艺术是审美的。它是以高度抽象化了的点画(线条)来表现主体对客观对象的认识、体验和感受,是一种感性的非功利性的精神活动,也可以说是一种情感宣泄的方式,人们可以从中获得一种象征性的满足和快感。而文字书写则完全是一种理性的实践活动,是以实用为目的的功利性活动,是表意的工具和媒介,它不具备美的愉悦和艺术欣赏的感染力,因而不具备审美观照的特质。

第二,书法艺术是抒情的。书法是情感和形式美的统一,是以线条来表现书家的情感世界和内在精神。李泽厚先生说:"书法艺术是审美领域内,人的自然化与自然的人化的直接统一的典型代表。"(《略论书法》)这里的所谓"自然",就是指作为客观对象的点画(线条),所谓"人化"就是指点画(线条)的感情化。清代文论家刘熙载说:“书也者,心学也。……笔性墨情,皆以其人之性情为本。是则理性情者,书之首务也。”(《艺概·书概》)他把书法的抒情性看作是“书之首务”,因此说书法艺术是以表现生命情感为内容的抽象表现艺术。

第三,书法艺术是意象的。书法不像诗歌那样,可以用诗的语言写景抒情,使情景融合创造意象。而书法艺术中的意象则是情感化了的点画(线条)意寓于象中。“点画之间皆有意,自有言所不尽。”(语出晋王羲之《与人书》)那些点画(线条)既不失其象形文字的具象化,又更带有抒情色彩的艺术性,使人有美的感受。正如明代书法家解缙所说,运笔必须“周而折之,抑而扬之,藏而出之,垂而缩之,往而复之,逆而顺之,下而上之,袭而掩之”(《春雨杂述》)。这种运笔方式就已经摆脱了文字的象形和对客观事物的模拟,而更加情感化、意象化。南宋姜夔《续书谱》中说“方圆者,真、草之体用。真贵方,草贵圆,方者参之以圆,圆者参之以方,斯为妙矣”,又说“用笔不欲太肥,肥则形拙;又不欲太瘦,太瘦则形枯;不欲多露锋芒,露则意不持重;不欲深藏圭角,藏者体不精神”。这里是就形式美的法则来阐述书法的艺术美。至于字形的篇章结构也有形式方面的要求,诸如“上下相接”“上皆覆下”“下以承上”“递相映带”“潜相瞩视”“彼此顾盼”“相管领”“相朝揖”,等等,都是书法艺术美方面的要求。如宇、宙、宫、室等字,在写法上要上宽下窄,以使上能覆下;写直、且、里、且等字,写法上要上轻下重,以使下能承上;小、北、八、吕及量、感、端、楷等字,在写法上就要照顾到左右、上下的应接,使其潜相瞩视、彼此朝揖顾盼而构成一个完美的整体。以上就书法的运笔、结体、布局等形式美方面诸多问题予以简要阐释。前面我们提及书法艺术包括形式美和情感两个要素,如果我们把那些虬曲婉转、缭绕飞动的点画

(线条)看作书法之“象”,那么,这些飞动的线条所展呈出来的笔情墨趣就是书家的情感流露,在书法艺术中这种展现出来的笔墨情趣就是“意”,是象中之意。象为意之表,意为象之理,表里统一,是之谓书法意象。正如刘纲纪、范明华所著《易学与美学》中说:“书法理论中所讲的‘意’……它不是指文字的含义。书法同文字本身所固有的含义在绝大多数情况下没有直接关系,它已超出了文字原有的含义,而成为书写者的思想感情的自由抒发。”例如颜真卿的代表作《刘中使帖》,是他在代宗大历十年(775)湖州任上所作。当时他听到前线军事胜利,欣喜若狂,把笔疾书,宣泄狂喜之情。全帖四十一个字,纵横奔放,苍劲矫健,首尾呼应,浑似一笔连下,颇具龙腾虎跃之势。前段最后一个“耳”字,竟独占一行,且“耳”字的末画一竖伸足全行,一气贯注,笔意放纵,飞流直下,把他当时欣喜若狂的心情表达得酣畅淋漓,溢于墨外。元代书家鲜于枢评之曰“英风烈气,见于笔端”。由此可以看出,所谓书法意象,应该是在缭绕飞动的线条中,或在庄重正大的结体中所表现出来的情感。韩愈评张旭草书说:“旭善草书,不治他技。喜怒窘穷、忧悲、愉佚、怨恨、思慕、酣醉、无聊、不平,有动于心,必于草书焉发之。观于物,见山水崖谷,鸟兽虫鱼,草木之花实,日月列星,风雨水火,雷霆霹雳,歌舞战斗,天地事物之变,可喜可愕,一寓于书。”(《送高闲上人序》)意思是说,诸凡“不平有动于心”皆可借草书宣泄出来;另一方面,“天地事物之变,可喜可愕”也可以“一寓于书”。由此可见,书法艺术确实是一种独特而又高雅的情感抒发的艺术形式和载体。

另外,中国的汉字来源于象形文字,在象形中就包含有意。古文字学家唐兰先生说:“古文字是从象形和象意——图形文字转变成形声文字的。”(《古文字学导论》)这说明中国的汉字是形和意的统一体。如“龙”字，在书写时就要写出龙的矫健、腾挪；写“虎”字，在书写时就要写出虎的威猛、雄风。“严正之气，溢于楮墨……鹰隼摩空，英俊之气，咄咄逼人。”（清周星莲《临池管见》）这里所说的或“矫健”或“威猛”，指的是字的形式美，至于“严正之气”“英俊之气”，则是指书家的情感流露，二者相得益彰，共同构建出书法的意象美。元代杜本《论书》说：“夫兵无常势，字无常体……若日月垂象，若水火成形。倘悟其机，则纵横皆有意象矣。”在日常生活中，我们去参观书展，更多的是偏重于书法形式美的欣赏，也即笔法、结构、布局、墨法等形式美诸要素，以及感受其中强烈的节奏感和丰富的旋律美。正如古人所说“书之妙道，神彩为上”（王僧虔《笔意赞》）。比如在欣赏王羲之的《兰亭集序》（仿作）时，人们更多的是浸淫于他那高华秀润、轻盈潇洒的书法线条之中，很少去细品“永和九年，岁在癸丑，暮春之初……”云云，这种只注重“象”而忽略“意”的现象是否和书法意象理论相矛盾呢？不然。诚如前面所说，书法意象是内容（情感）和形式（线条）的统一，线条是情感的外化形式，线条舒卷，点画撇捺，皆饱含情感，而书法正是一种表情的抽象艺术。李继凯在《墨舞之中见精神》中说：“古代书法作品由于自身的丰富性和历史的建构（尤其是审美心理建构）作用，从而不会失去其‘意象’的整体性。也就是说，尽管是一块残碑，一段竹帛，书于其上的残迹往往仍有高古的文化心理方面的意味，加之接受者的主观能动作用，欣赏活动就仍会在‘意象’之间进行。”所以我们在欣赏岳飞所书“还我河山”字迹时，就会有一种“老墨飞动，忠义之气烨如”（马过霍《书林藻鉴》）的感动。同样，从颜真卿的书法中，也可看出书家“为人刚毅雄特……正色立朝，临大节而不可夺”（《历代书法论文选》）的忠义节操。故而当代书法家古干说：“书法艺术是意象艺术，书法美是意象美。”（《现代书法构成》）

第四章 意象理论的相关性阐释

一、“言不尽意”与“言尽意”辨

从《周易》的“言不尽意”“立象以尽意”，到王充《论衡·乱龙》的“夫画布为熊麋之象，名布为侯，礼贵意象，示义取名也”，应当说都是在象征层面上使用“意象”这一概念的，属于修辞学范畴。

直到魏晋时期，刘勰在他的《文心雕龙·神思》中，从文学创作构思角度提出了“窥意象而运斤”这一命题，才使这一哲学概念进入文学领域，成为一个审美概念。但刘勰只是说意象是“驭文之首术，谋篇之大端”，并没有进一步加以明确界说，因而使得意象概念的内涵含混不清，这就造成了此后意象使用上的泛化。有的指意中之象，如刘勰在《文心雕龙·神思》中的用法就是指意中之象。他用了《庄子·天道》中“轮扁斫轮”的寓言，说轮扁在创作轮子之前，脑子里已预先有了轮子的模样，他就按照脑子里的轮子的模样进行制造。他以此比喻作家在创作构思时，脑子里形成的艺术形象，于是动笔写作，创造出符合作品创作意图的典型艺术形象，因此说这里的意象应当是意中之象，章学诚称之为“人心营构之象”（《文史通义·内篇一》）。有的认为意象是意和象，如明代何景明在《与李空同论诗书》中说：“意象应曰合，意象乖曰离，是故乾坤之卦，体天地之撰，意象尽矣。”意思是说，意与象相适应为“合”，乖违不相称为“离”。所以只有乾卦（天）与坤卦（地），阴与阳配合完美，意与象和合交融，才能形成审美意象，才可以用来体现天地万物变化，达到尽意尽象的完美境界。这说明在何景明看来，意和象应是两个各自独立的范畴，诗歌创作应当是二者和合交融，才能创作出意象不乖、情景交融的优美诗歌。

明代王廷相《与郭价夫学士论诗书》曰："诗贵意象透莹，不喜事实黏著，故谓水中之月，镜中之影，可以目睹，难以实求是也。"这里的意象接近于艺术形象。诗人创造的艺术形象要空灵蕴藉，旨远寄深，余味曲苞，耐人寻味。如姜夔《扬州慢》描写扬州城惨遭金兵烧杀掳掠之后的荒凉景象，他"四顾萧条"，一股怆然悲凉之情油然而生，"二十四桥仍在，波心荡，冷月无声"。这里的"冷月"意象不仅空灵透莹，而且寄慨遥深，创造出一个清冷幽寂的境界，诗人悲凉的情思融入了"冷月无声"之中，真可谓"默语无际，不言言也"（王维语）。

明代胡应麟《诗薮》内编卷三："《大风》千秋气概之祖，《秋风》百代情致之宗，惟词语寂寥，而意象靡尽。"这里的意象可理解为意境。他在内编卷一中以"《离骚》之致，深永为宗。古诗之妙，专求意象"，以"深永"与"意象"对举，可知胡应麟是在意境的涵义下使用意象这一概念的。

从以上所举的例子中我们可以看出，古人在使用意象这一概念时，其含义是较为混乱的，因此如何通过深入研究，给出一个明确的界说，就成为必要。正如敏泽先生所说："中国古文论的概念，多少有些像中医的概念。我们只能根据这些概念的使用者是在什么情况下和在怎样的意义上使用这些概念的，给予它们以接近于它们本来含义的解释和界说。"（《中国古典意象论》）我想，这是很有见地的。

关于《周易》所提出的"言不尽意""立象以尽意"这一哲学命题，我在第一章中已经做了简要的阐释，然而言犹未尽，这里再作几点补充。首先我觉得"言不尽意"这一命题本身就是"言尽意"的客观表达，是一个二律背反的哲学命题。否则，你怎么知道作家有“意不称物，文不逮意”的困惑？故西晋欧阳建《言尽意论》就认为“理得于心，非言不畅；物定于彼，非名不辨”，因此他认为“犹声发响应，形存影附，言无不尽矣”。客观地说，言是可以尽意的。否则那些浩如烟海的古代典籍如何传承至今？儒道思想如何影响我们几千年之久？《周易》之所以提出“言不尽意”这一命题，我以为有三层意思。第一，《周易》为占卜用书，它是通过万物的变化，去说明、解释、预测社会人事的变迁，以谋求社会的安定繁荣，预测人生的吉凶祸福。例如乾卦(☰)由三个纯阳爻组成。《周易·说卦》中说到“乾，健也”，“乾，天也”。《周易·系辞下》曰：“乾，阳物也。夫乾，天下之至健也。”乾卦和坤卦合称“乾坤”，象征日月、男女、父母、君臣、刚健与柔弱等一系列对立统一事物。然而，这些象征性的言辞毕竟是有限的，用以说明纷纭复杂的宇宙间事物，必然“言不尽意”，故而《周易》的作者就设卦立象，创作出八卦(☰乾、☷坤、☳震、☴巽、☵坎、☲离、☶艮、☱兑)及六十四重卦的象征性符号系统，来象征宇宙间的万事万物，连类生发，想象无穷，由有限进入无限。诸凡刚健一类的事物和现象均归入乾卦，凡属和顺一类的事物和现象则均归入坤卦。这样“生生不穷”(刘熙载语)达到“立象尽意”的目的。王弼《周易略例·明象》说：“义苟在健，何必马乎？类苟在顺，何必牛乎？爻苟合顺，何必坤乃为牛？义苟应健，何必乾乃为马？”意思是说，凡属于“健”一类的事物和现象均可以乾卦比喻，不仅仅限于马；凡属于“顺”一类的事物和现象均可以坤卦比喻，不必只限于牛。这种以一喻多的方法，适合于社会中各种人和事，凡来求占问卜者皆可适用，这较之《诗经》所使用之“比”，以一物比一物要广泛得多，灵活得多。第二，《庄子·养生主》：“吾生也有涯，而知也无涯，以有涯随无涯，殆已。”(郭象注曰：“以有限之性寻无极之知，安得而不困哉！”）意思是说，人的生命是有限的，而知识是无限的，用有限的人生去追求无限的知识，怎能不困惑呢？由庄子的生命哲学联系艺术哲学，推而论之，我们以有限的语言去表达无穷之意，岂不是也会陷入“意不称物，文不逮意”的困惑吗？清代刘熙载《艺概·诗概》提出了不同于《周易》“立象以尽意”的方法，他说“意不可尽，以不尽尽之”，这类同于中国画论中的“以不似似之”，都是艺术辩证法的妙用。这和莱辛《拉奥孔》所说的“艺术家应当懂得选取哪一点才可使观众不是看到而是想象到顶点”是一个道理。例如唐朝诗人卢纶《塞下曲》其三：“月黑雁飞高，单于夜遁逃。欲将轻骑逐，大雪满弓刀。”这首诗是写将士们整装待发，准备追赶逃遁之敌。诗人并没有正面去写激烈的战斗场面，而是以烘云托月的手法，以气氛之紧张，环境之恶劣，来衬托出一场即将到来的残酷战争。第一句“月黑雁飞高”就是紧张气氛的渲染，既无光又无声，从第四句又知道，这还是一个大雪纷飞的黑夜。在这样恶劣的环境里如何紧急地追杀敌人，如何激烈地厮杀，结果如何，一概略去不写，这就给读者留下了广阔的想象空间，这种写高潮而未及高潮，写顶点而未达顶点，只写高潮前的一瞬，“不是看到顶点，而是想象到顶点”的一刹那，一句“大雪满弓刀”让读者在“云龙首尾”“琵琶半面”中去咀嚼玩索，余味无穷。这就是古人所谓“不言言之”“不尽尽之”的空灵之美。第三，《周易·系辞上》曰：“圣人有以见天下之赜，而拟诸其形容，象其物宜，是故谓之象。”唐孔颖达《周易正义》疏曰：“圣人有以见天下之赜者，赜谓幽深难见，圣人有其神妙，以能见天下深赜之至理也，‘而拟诸其形容’者，以此深赜之理，拟度诸物形容也……‘象其物宜’者，圣人又法象其物之所宜。”孔颖达这段文字对我们理解卦象，进而理解意象很有帮助。孔颖达把“赜”字诠释为“幽深难见”，那么，天地间什么“至理”如此难见，需要“拟诸其形容”才能“法象其物之所宜”呢？我的理解是，其一是指大自然的风雨雷电阴晴晦明之变化莫测，《易经》时代是无法理解的，故在甲骨文的卜辞中就常出现求卜问占之辞。例如有一首《今日雨》的卜辞曰：“癸卯卜，今日雨？其自西来雨？其自东来雨？其自北来雨？其自南来雨？”（《卜辞通纂》）大意是“癸卯”这一天烧龟甲进行占卜，问今天下雨吗？这雨来自东西南北哪个方向？大自然的这个“至理”“幽深难见”，故有此问。其二是指人的内心感情，其变化之复杂也是“幽深难见”的。宋代罗大经《鹤林玉露》说：“绘雪者不能绘其清，绘月者不能绘其明，绘花者不能绘其馨，绘泉者不能绘其声，绘人者不能绘其情。”由此可见，人的感情岂止丹青难绘，即使语言也是难以声口毕肖，穷尽其妙。故而要用比喻象征来“法象其物之所宜”“拟度诸物形容也”。试举例说明。东晋画家顾恺之曾根据魏晋诗人嵇康诗句“目送归鸿，手挥五弦”（《赠秀才入军》）作画，慨叹说：“手挥五弦易，目送归鸿难。”这说明画具体的外在形态容易，画无形的内心情感难。晚唐诗人高蟾《金陵晚望》诗中一句“世间无限丹青手，一片伤心画不成”，也是感叹感情难画。无奈任何艺术又都是感情的，没有感情，艺术就失去了灵魂。艺术家就借助于意象，利用比喻和象征托物言志、借景抒情，创造出亦景亦情、亦虚亦实的审美意象，也就是达·芬奇说的“第二自然”，变抽象为具象，变有限为无限，变无形为有形，让你在千姿百态、如梦似幻的艺术世界里得到艺术享受。我们试以“愁”这种情感为例加以说明。李后主《虞美人》中的“问君能有几多愁？恰似一江春水向东流”，以江水东流之无休无止，喻他的亡国之“愁”无穷无尽，“愁”的情感也就可视可触，且意味深长。宋代词人秦观是写愁的高手，词以清丽婉约著称。他在《千秋岁》中写到“春去也，飞红万点愁如海”，写尽了春愁无际。他又在《浣溪沙》中写到“自在飞花轻似梦,无边丝雨细如愁”,飞花轻似梦幻,缥缈空灵,细雨如丝,愁绪无尽,以“丝雨”喻愁,可谓极尽虚幻空灵之妙。他不像李白《秋浦歌》那样“白发三千丈,缘愁似个长”,在三千丈的白发中看到了“愁”之多,比喻之夸张,显示出豪爽大气的诗歌风格。

关于“言不尽意”这一命题,杨万里有一个独辟蹊径的看法。他在《诚斋易传》里说:“圣人之言,非不能尽意也,能尽意而不尽也。圣人之书,非不能尽言也,能尽言而不尽也。曷为不尽也?不敢尽也……然则曷为不敢尽也?忧其言之尽,而人之愚也。”他认为言不是不能尽意,而是“不敢尽”,为什么不敢尽呢?因为“忧其言之尽,而人之愚也”。意思是说,因人之愚(指人的语言浅陋),把意思说错或误解,也就是刘禹锡所说的“常恨言语浅,不如人意深”(《视刀环歌》)。钱锺书先生也有类此胜解:“作者每病其(语言文字)传情、说理、状物、述事未能无欠无余,恰如人意中之所欲出,务致密则苦其粗疏,钩深赜又嫌其浮泛;径其粘着欠灵活有之,恶其暧昧不清明者有之。立言之人字斟句酌,慎择精研,而受言之人往往不获尽解,且宜曲解而滋误解。”(《管锥编》)例如《诗经·关雎》本是一首男女情爱的恋歌,然而《毛诗序》说:“《风》之始也,所以风天下而正夫妇也。”唐成伯瑜《毛诗指说》:“听关雎声和,知后妃能谐和众妾,在河州之阔远,喻门壶之幽深。”真可谓腐儒解诗,不乖则谬。又《庄子·天道》中所描写的“轮扁斫轮”,“徐则甘而不固,疾则苦而不入,不徐不疾,得之于手而应于心,口不能言,有数存焉于其间”,心中有体会、有感受,而“口不能言”,无法用语言表达出来,说明了语言的局限性。应当说这是“言不尽意”出现的原初之意。

二、关于象征意象和比喻意象

所谓象征意象，是指用象征方式构成意象。它包括象征物与象征意义，象征物是具体形象，象征意义是抽象的观念和情感。象征意象则是象征物和象征意义的合二为一、浑然一体，达到假象见义、借此言彼的艺术效果。伟大诗人屈原所创造的"善鸟香草"象征"忠贞"，"恶禽臭物"象征"佞臣"，"灵修美人"象征"国君"，"宓妃佚女"象征"贤臣"，"虬龙鸾凤"象征"君子"，"飘风云霓"象征"小人"，等等，开辟了我国古代"香草美人"意象的新天地。曹魏时的曹植，他虽身处高位，却受到曹丕的猜忌和打击，时有性命之忧。他的《杂诗七首》(其一)中"高台多悲风，朝日照北林"两句，字面上的意思是说，高台上常常吹着凄厉的风，早晨的太阳照耀着树林。属于纯然写景的诗句，如果联系诗人的身世际遇，读者可以把它理解成身处高位却心怀忧怨，阳光明丽，亲人却不得相见；也可以理解成政治环境恶劣，身处险境，孤独悲愤等。类似这类语言浅直而意蕴深曲的诗歌，作者是"不敢尽言"，读者是"不获尽解"，这就为象征意象通向"立象尽意"打开了一条艺术联想的通途。

所谓比喻意象，是指用比喻的方式构成意象。比喻也就是打比方，朱熹《诗集传》中说"比者，以彼物比此物也"，王安石《诗义》中说"以其所类而比之，谓之比"，元代郝经《毛诗原解》认为"比者意之象……意象附合曰比"，朱说比较直白通达；王说则进一层说法，意指比体与喻体在形象上或在意涵上有类似点，两物相称才能喻义明晰、恰切；郝说是把抽象变成具象，且意和象要"附合"，也即意融于象，情融于景。这一说法更贴近于审美意象之本质。比喻意象有单一比喻意象，如李后主的“问君能有几多愁，恰似一江春水向东流”，秦观的“飞红万点愁如海”。另外还有并列比喻意象，如贺铸《横塘路》词中的“试问闲愁知几许？一川烟草，满城风絮，梅子黄时雨”，这里一连用了三个比喻意象来比喻“闲愁”，罗大经《鹤林玉露》云：“盖以三者比愁之多也，尤为新奇。”这里的“新奇”不单指连用三个比喻较之单一比喻更赋有创新意义，更重要的是这三个比喻都不是单一物体，而是事象排比，氤氲朦胧的景色描写，而且这些景色既具体又不具体，亦虚亦实，亦景亦情，浑融一片，既可想见，又不可把捉，极尽空灵朦胧之妙。又如，唐朝诗人朱庆餘有一首《闺意献张水部》诗：“洞房昨夜停红烛，待晓堂前拜舅姑。妆罢低声问夫婿，画眉深浅入时无？”这首诗又题为《近试上张水部》，这对理解诗人写诗的用意是有帮助的。唐代科举考试，士子们有向名人行卷的风气，即把写好的诗文送给当时的名人，以求得他们的称赏和帮助。这次朱庆餘投赠的对象是官水部郎中张籍，张籍在当时诗名很高，如能得到他的帮助，对于诗人的前程命运是不言而喻的。但这件事又是很难启齿的，于是诗人就借诗寓意，投石问路。他以新妇自比，以新郎比张籍，以公婆比主考官，诗以委婉之笔，写含蓄之意，明写“闺意”，实问前程，千回百转，吞吐之中以“不言言之”。这首诗妙在以一个近似完整的故事，完成了一个整体性比喻意象组合，达到了“寄托在可言不可言之间，其指归在可解不可解之会，言在此而意在彼”（叶燮《原诗》）的艺术效果。

比喻意象是用比喻的修辞手法构成意象，它可以是用具象比具象，也可以用具象比抽象，还可以用抽象比抽象。白居易的“露似珍珠月似弓”（《暮江吟》）就是以具象比具象；秦观《浣溪沙》的“自在飞花轻似梦，无边丝雨细如愁”就是以具象喻抽象。李清照《声声慢》中

“寻寻觅觅，冷冷清清，凄凄惨惨戚戚”这十四个虚幻空灵的叠字，把诗人内心孤寂冷清、若有所失的心理感受写得睹影知形，亦真亦幻，把寂寞、孤凄的情态写得蕴藉空灵，如闻如见，又不可扪摸。正如明代黄子肃《诗法》所说：“意在假物取意，则谓之比……常使意在言表，涵蓄有余不尽，乃为佳耳。是以妙悟者，意之所尚透彻玲珑，如空中之音，虽有所闻，不可仿佛，如象外之色，虽有所见，不可描摹，如水中之珠，虽有所知，不可求索。”

比喻意象与象征意象二者有相似处，也有不同处，相似者可以通用，不同处则不可。先说相同的方面，象征意象和比喻意象都包含两个元素，前者包括象征物和象征意义，后者包括比体和喻体。象征物比较实，象征意义则比较虚；比喻意象中的比体较实，喻体则可虚可实。而且，比喻总是蹩脚的，无论如何巧妙也不是被比物体本身，只是打个比方，加以形容，使事物更形象、更生动而已。如苏轼《饮湖上初晴后雨二首》（其二）：“水光潋滟晴方好，山色空蒙雨亦奇。欲把西湖比西子，淡妆浓抹总相宜。”这里用西施比西湖之美，以人美喻景美，可以说新奇巧妙，千古绝唱。其次，阐释二者之间的不同，比喻意象一般要求比体与喻体在类的属性上有可比性。比如唐朝诗人崔护《题都城南庄》：“去年今日此门中，人面桃花相映红。人面不知何处去，桃花依旧笑春风。”这里的“人面桃花”二者在美艳这一属性上是相似的，而且都是实体比实体，有可比性。唐朝贺知章《咏柳》诗有“不知细叶谁裁出，二月春风似剪刀”，诗中以春风喻剪刀，实质上是以二月春风象征春天的生命活力，既是比喻又是象征，并非泾渭分明，决然对立。《周易》中以乾卦象征天、君、父、男；坤卦象征地、臣、母、女。这里只是象征，不可指说为比喻。又如《庄子》中的“庖丁解牛”“轮扁斫轮”等寓言，是用比喻的方式说明深奥的哲理，这无疑是比喻而非象征。在建筑美学中,那些高大壮丽的建筑意象,象征着皇权之威严无比、至高无上,这些象征物与象征意义之间就没有可比性,只能从审美层面上看到它的象征意义。在中国绘画中的"飞天"意象,是以衣袖裙带之飘举缭绕来象征其升天,而西方绘画中的"天使",其升天却要用鸟的翅膀来比喻。这就是中国绘画追求"写意",重虚;西方绘画追求"逼真",重实,在审美趣味上迥然不同。

三、老子的"象"论与意象

《老子》是一部论"道"的哲学著作。"道"是道家思想的最高哲学范畴,它以"道"来解释天地变化和社会人生。"道"是什么呢?在老子看来,"道"是无形无象,"视之不见,听之不闻,搏之不得"(第十四章),不可感知、不可言说的一个东西。但它又是万物之主宰,万物由道而生,是"天下母""万物宗""天地根",它看似"无为",然而却又"无为而无不为"(第四十八章),天下的事没有一件不是它所为。老子这些"玄而又玄"的描述,旨在说明"道"是万事万物产生的总根源,同时也是万事万物发生发展的法则和规律。比如《老子》第四十二章:"道生一,一生二,二生三,三生万物。万物负阴而抱阳,冲气以为和。"说明宇宙之内包涵有阴阳二气,阴阳二气相激相荡,产生万物。《庄子·至乐》说"气变而有形,形变而有生",《淮南子·天文训》说的"阴阳和合而万物生",都是对老子"道生万物"思想的继承。《周易·系辞上》:"一阴一阳之谓道。"说明道由阴阳二气构成,而且这个"气"是活动的、互相转化的,虽无形无象,但却有功能。犹如《庄子·知北游》所说的"人之生,气之聚也;聚则为生,散则为死"。清戴震说:“气化流行,生生不息,是故谓之道。”(《孟子字义疏证》)说明宇宙不能无气,气不能不流动变化,在运动中化生万物,这就是道的显现。也可以说世间万物皆道之外化,然而“百姓日用而不知,故君子之道鲜矣”(《周易·系辞上》)。人类就生活在“道”中而不知觉。试想,没有气(道)的世界,万物还能生存吗?故泰州学派的王艮说“百姓日用即道”,他把深奥的形而上的“道”一下子拉回到形而下的吃饭穿衣和百姓日用上来,这种通俗的诠释,让人们懂得了“道”不是言告,而是以象告,借物而显形的道理。《庄子·知北游》说“道不可言,言而非也”,《论语·阳货》中说“天何言哉?四时行焉,百物生焉,天何言哉”,可见,道是看不见、摸不着的,它必须“因物而见”(唐刘禹锡《天论》)。换言之,无形的形而上的道,必须通过有形的形而下的器才能呈现。正如章学诚《文史通义》中所说:“道不离器,犹影不离形。”另外,章学诚在《文史通义》中有一段话对“道”进行诠释,我以为深合老子原意。兹录于下:

> 道有自然,圣人有不得不然,其事同乎?曰:“不同。道无所为而自然,圣人有所见而不得不然也。圣人有所见,故不得不然;众人无所见,则不知其然而然。孰为近道?”曰:“不知其然而然,即道也。”

这段话的意思是说,“道”是无为而自然,是自然而然的本然状态,圣人之道是因为“圣人有其神妙以能见天下深赜之至理”(孔颖达《周易正义》),故“不得不然”。这个“不得不然”就是圣人之体道。他只是“体道”,并不是道本身。“体道”和“道”是两码事。众人就不同了,他没有圣人之“神妙”,见不到“天下深赜之至理”,所以他只能是“不知其然而然”。庶民百姓不明白大自然运动变化的规律,“不知其然而然”,然而恰恰这个“不知其然而然”正是“道”的功能显现,似乎冥冥之中有一个东西在主宰着天体的运行变化,所以戴震说:“气化流行,生生不息,是谓道。”由此可以推定,气就是道的物质外化,道就是气。按照许慎《说文解字》的解释,“云,山川气也”,又说“气,云气也”。气又可分成有形之气(山川)和无形之气(云气)。东汉何休也认为“元者(万物之本)气也,无形以起,有形以分,造起天地,天地之始也”(《春秋公羊·隐公元年注》)。气分阴阳,造起天地,其物质性就不言而喻了。它不仅指产生和构成天地万物的原始物质,而且也指人体中来源于父母之先天之气(精气)。所以,王充《论衡·论死》曰:“人之所以生者,精气也。”王夫之说:“物生而形形焉,形者质也。形生而象象焉,象者文也。形则必成象矣,象者象其形矣。在天成象而或未有形,在地成形而无有象。视之则形也,察之则象也。”(王夫之《尚书引义》卷六)这段话的意思,主要是以“文”与“质”的关系来阐述“形”与“象”的关系。从内容上看应出自《易传》“在天成象,在地成形,变化见矣”,意思是说,天地所生万物必然有形体,“形”是物的本体,“象”是本体的外化,故曰“象者文也”。“在天成象”如云气,它只有形象(表象)而无形之实体,风吹云散,云气之象也就不复存在。在阴阳二气之交感下,云气下降为雨雪,故“在地成形而无有象(云气之象)”,所以人们看到的是有形之雨雪,而实际上乃是天上云气之象的变化。故曰“察之则象也”。中国古代的思想家们普遍认为“‘有形’之气与‘无形之气’是‘通一无二’的。形态虽有别,但本质唯是一气”(转引韩林德《境生象外》),明王廷相《慎言·体道》一语道出“有形亦是气,无形亦是气”,这可以说是庄子气(道)论的总结性结论。

如果说庄子是以“气”论道，那么老子则是以“象”论道。什么是“象”呢？《周易·系辞上》曰：“圣人有以见天下之赜，而拟诸其形容，象其物宜，是故谓之象。”“赜”字，孔颖达在《周易正义》中说：“赜谓幽深难见。圣人有其神妙，以能见天下深赜之至理也。”意思是说，天下有一种幽深难见之至理，只有圣人才能见到，他通过模拟、比喻，适宜地形容，创造形象，让人明白天下万事万物幽深难见的事理，那么，这个“象”就是指形象，在《易经》里就是指卦象。“是故《易》者，象也，象也者，像也。”（《周易·系辞下》）然而《易》之象，也仅仅是象征、比拟和暗示，比如八卦的表示符号，一表示阳；- -表示阴。天是纯阳，用☰表示天，地是纯阴，用☷表示地，依次是☰乾（天），☷坤（地），☳震（雷），☴巽（风），☵坎（水），☲离（火），☶艮（山），☱兑（泽）。这就是古人经过观象于天，俯察于地，观鸟兽之文与地之宜，近取诸身，远取诸物，所创造出来的概括性符号“八卦”。用这八种自然物来表示天地万物是远远不够的，于是占筮家又想出了重卦的方法，八卦上下重叠得出六十四卦。八卦每卦有三画（三爻），六十四重卦每卦有六画（六爻），一为阳爻，- -为阴爻，“爻者，言乎变者也”（《周易·系辞上》）。爻的图像是对天下万物变动的仿效。例如“大壮”卦的卦象是䷡，下面是乾卦☰（天），上面是阴爻震卦☳（雷），连续四个阳爻，表示阳气强盛，阴气消弱，惊雷响彻天空，声势浩大，是谓“大壮”。在建筑美学上有所谓“大壮为美”的观点，高大壮观，宏伟华丽。故大壮卦的卦辞曰“利贞”，即“有利之占问”（高亨语）。《黄帝宅经》说：“宅者，人之本。”人类从洞穴中走上地面与兽类区分开来，又从树上“巢居”中爬下来，与鸟类区分，成为一个真正的“人”。这种“出于天地，入于阳光”的漫长过程，正是人类发展史上一次“质”的飞跃。我们以“大壮”卦为例，意在说明卦象是一种符号系统，是“观变于阴阳而立卦，发挥于刚柔而生爻”（《说卦传》），是对天地万物的一种模拟，但它又不是纯粹地对事物外貌和具体细节的简单模仿，而是一种表达自然事理的结构变化和发展规律的符号。正如南宋理学家朱熹在《周易本义》中所说“易卦之形，理之似也”，这里所说的“理”就是指事物发生发展变化的规律。

老子的象论，是对《周易》象论的继承和发展。老子说“道”是“天地根”“天下母”“万物宗”，而“象”不具备这些特性。老子说“道”是无形无象，看不见摸不着的一个东西，而“象”则是可视而不可执，合则成物，散则成气，“在天成象，在地成形，变化见矣”（《周易·系辞上》）。《周易·系辞下》说：“八卦以象告，爻象以情言，刚柔杂居，而吉凶可见矣。”八卦只是一个符号（卦象），只有通过爻象言辞的推演解说，才知道吉凶祸福。正如冯友兰先生所说：“卦爻表示万物之象，卦爻辞表示万物之‘道’或‘理’。”（《中国哲学史》）由此可知，老子是以象论道。道不自显，而以象显。王夫之在《周易外传》中说：“天下无象外之道。何也？有外，则相与为两，即甚亲，而亦如父之于子也。无外，则相与为一，虽有异名，而亦若耳目之于聪明也。”即认为道与象是一体的，道寓于象中，两者不能分离。他又说“道者器之道”，“无其器则无其道”（《周易外传》卷五）。清章学诚《原道》中说“道不离器，犹影不离形”，“道因器显”，“道寓于器”。北宋二程认为“器亦道，道亦器”（《二程集·遗书卷第一》）。南宋朱熹也认为“器亦道，道亦器，有分别而不相离”（《朱子语类》卷七十五）。这个由《周易》所提出的“形而上者为之道，形而下者为之器”的哲学范畴，实际上就是说“名虽有道器之别，然实非二物，故曰‘器亦道，道亦器’也”（罗钦顺《困知记》）。也就是说，形而上的道寓于形而下之器中，道由器显。这是否与老子的“道由象显”相矛盾呢？这个矛盾的根源在老子。任继愈先生说:“老子提出的取代上帝的最高发言权的‘道’,是精神,抑或是物质,他自己没有讲清楚。就当时人类认识的水平来看,但他也不可能讲清楚。”(《老子新译》)我认为关键是因为对“器”和“象”的认识不同造成的。先讲“器”。“器”是有形有体的具体器物,为什么说“形而下”者为之器呢?因为“形而下”是器,是有形之物质,“形乃谓之器”(《周易·系辞上》)。“形而上”是道,道不可见,是无形的,因器而见,故道不离器,器不离道,道寓于器中,道由器显,道是体,器是用。明王守仁提出“道者器之体,器者道之用”。章学诚提出“道器合一”(《原道》),这和王夫之的“道器为一”是一致的,是符合中国传统哲学“天人合一”的基本精神的。简言之,器是物,道寓于器而呈现,故“道器为一”。其次再谈“象”。什么是象呢?在《易经》中指卦象,前面已作阐释,此不赘。《周易·系辞上》中说:“见(现)乃谓之象,形乃谓之器。”这说明“象”指现象(无形体),孔颖达疏曰:“谓卦为万物象者,法像万物,犹若乾卦之象法像于天也。”这里的象是指象征。“是故易者,象也。象也者,像也。”(《周易·系辞下》)总之,它只是一个象征性符号,是像天(相似)而不是天,只是乾卦之符号。说明“象”无形体而有形象,如云气,聚则成物,散则成气。老子是怎么认为的呢?《老子》第二十一章说:“道之为物,惟恍惟惚。惚兮恍兮,其中有象;恍兮惚兮,其中有物。”道衍生出“物”和“象”。“物”是有形有体的具体实物,即器。而“象”则是没有形体而只有“恍惚”的形象,如镜花水月。《老子》第十四章中说:“无物之象,是谓惚恍。”按照《左传》僖公十五年所说“物生而后有象”的命题,按照我的理解,有物才能有象(形象),有形才能有影。如章学诚《原道》所说“道不离器,犹影不离形”。那么,这个“无物之象,是谓恍惚”则可以理解为不见形体的形象,即“虚象”或者叫作“影子”。杨万里《诚斋易传》中说:“有失得则吉凶随,有忧虞则悔吝随,此事之形影也。”又说:“何谓象?物有事有理,故有象。事也理也,犹之形也;象也,犹之影也,不知其形,视其影,不知其事与理,视其象。是故欲知事之得失也,如何?卦爻象之以吉凶,事之忧虞也。”例如南唐词人冯延巳有一首《偈金门》,词写春日女子心中无法排遣之惆怅。词的首句从景物写起,“风乍起,吹皱一池春水”,这句貌似不经意的一笔,既写了微风吹起了层层涟漪这一“自然之象”,又借景显情,隐喻了女子内心情感波动之惆怅之象,达到了“句中无其辞,而句外有其意”(《诚斋诗话》)的艺术效果。所谓“事也理也”,即指女子那种寂寞、迷惘、失意而又无奈的复杂情感,情感是看不见的,如何才能让人感知?这就要用“象”。杨万里把“事也理也”比喻为“形”,把“象”比喻为“影”,“不知其形,视其影,不知其事与理视其象”。也就是说,看到“象”就看到事与理了。那句“独立小桥风满袖,平林新月人归后”,就是女子“惆怅”之象的艺术表达,是不写之写,这就叫“视其影”“视其象”。清诗人黄仲则说“如此星辰非昨夜,为谁风露立中宵”,说的就是“惆怅”。词人用女子在寒风中独立小桥至中宵的孤独愁苦形象表达了“惆怅”之意,这应当是“道以象显”,他把事理变成形象了,将情感形象化了。故杨万里说“因象求道,道不能外乎象”(《诚斋易传》)。道不通过形象就不能外显,道理就在这里。这与我国意象理论的产生有着密切的关系。关于道与器的关系,最早出自《周易·系辞传》,所谓“形而上者谓之道,形而下者谓之器”,此后,道和器便成为我国哲学中的一对主要范畴。道是无形无象而又无为无不为的一个规律和法则,但谁也离不开它。比如《老子》第八章说“上善若水,水善利万物而不争”,人们光看到地里长出庄稼,果树开花结果,就是看不到水的功劳,而水也不去争功。“功成而不处,其不欲见贤。”(第七十七章）所以，老子说“故几于道”（第八章），也就是说，水的这种表现最“几于道”，即接近于道，这里以物的变化显示道就是“道以象显”。苏洵《辨奸论》中所说的“月晕而风，础润而雨”是自然现象变化的征兆，而非器。这种以大自然的自然变化现象来显示道的功能也是“道以象显”。“红杏枝头春意闹”是宋祁《玉楼春》中的名句，王国维《人间词话》评说此句曰：“着一‘闹’字而境界全出。”单用“红杏枝头”形容“春意”也是可以的，但较板滞，若用一“闹”字，则全句皆活。它把春天百花盛开、万物复苏、春意盎然的繁盛景象欢动起来了，勾起了人们的艺术联想，活画出了一个“百花闹春图”。其实，若无阳光雨露这个自然之“道”的功能作用，红杏也就荡然无存了。这就是“道以象显”，因为红杏怒放（即闹）把春意形象化了，艺术想象是艺术创造的灵魂，但它毕竟不是艺术本身。所谓“道不离器”“道以象显”道理是一致的，有时以器显，有时以象显，这两个命题都可以成立。例如《老子》第十一章“三十辐共一毂，当其无，有车之用”，就是道以器显。苏洵所说“月晕而风，础润而雨”就是道以象显。二者之不同在于“物”，或者称作“物象”，是不变的，山就是山，水就是水，是千古不易的形体。而“象”是可变的，具有不确定性。朱光潜先生说：“风景也随心情而变化生长，心情千变万化，风景也随之千变万化，惜别时蜡烛似乎垂泪，兴到时青山亦觉点头。”（《朱光潜美学文学论文选集》）《老子》第二十一章说：“道之为物，惟恍惟惚。惚兮恍兮，其中有象；恍兮惚兮，其中有物。”说明老子也认为道中之象是没有固定形体的，是一种模糊不清的可变形象。《周易·系辞上》曰：“圣人有以见天下之赜，而拟诸其形容，象其物宜，是故谓之象。”说明“象”是通过比拟、形容才能达到以象寓理，理以象显，意以象明，与“是故易者，象也；象也者，像也”（《周易·系辞下》）具有相似性。苏辙《老子解》对于《老子》第十四章“无状之状，无物之象，是谓恍惚”的解释说：“状，其著也；象，其征也。‘无状之状，无物之象’皆非无也。”前面说“无”，后面说“非无”，似乎有点矛盾。其实这里是在描写道的特征。道是看不见、摸不着而又确然存在的一个东西，就像“镜花水月”“撮盐入水”一样，镜外无花，天上无月，就不会出现“镜花水月”，是“有”，“非无也”。“撮盐入水”一经融化就看不到盐了，实际上看似无物，实为有物，是盐已溶入水中了，依然是似“无”实“有”。北宋吕惠卿说：“象者，疑于有物而非物也……物者（指道），疑于无物而有物者也。”（《老子吕惠卿注》）如果前者可以用“镜花水月”为喻，后者则可以用“撮盐入水”为喻，均在借物喻道。借物喻道创造形象，在我国古代诗画艺术中比比皆是，例如王维《山中》诗“山路元无雨，空翠湿人衣”，前句说“无雨”，后句则说“湿人衣”，创构出一种“无理而妙”的艺术境界，意思是说山色不仅空明净寂，而且青翠蓊郁，这绿色像雨水一样，竟能把人衣染湿。诗人所创造的“空翠”物象是一个虚空的色彩物象，它不像山川草木、鸟兽虫鱼那样有状有象、可视可执，而是一个可视而不可执的虚空之象。欧阳修《蝶恋花》词中有一句“泪眼问花花不语”，花是物象，“花不语”就无象，属于语象，这是一种拟人手法，把女子内心寂寞孤独的情感表达得蕴藉隽永，耐人玩索。清赵执信《谈龙录》记载了他和洪昇、王士禛三人谈论如何画龙的问题。洪昇主张要画出“全龙”，他说“一不具，非龙也”；王士禛认为“诗如神龙，见其首不见其尾，或云中露一爪一鳞而已，安得全体”；赵执信则认为“神龙者，屈伸变化，固无定体，仿佛望见者，第指其一鳞一爪，而龙之首尾完好，故宛然在也”。三人中王士禛从神韵的角度认为画出云中露出的一爪一鳞，就可以使人想象出云中自有“全龙”在，不必画出“全龙”。赵执信则补充说，虽然画出龙的一爪一鳞可以代表“全龙”，但若不把龙在云中所显示的腾挪虬屈、昂首摇尾的气势和神韵画出来,那么龙在云中所藏的那种昂扬奋发、叱咤风云的精神状态就无法展示出来,故龙的形象应当有显有藏。这种虚实相生的艺术手法,正是以云雾之实象暗示出云中所藏全龙的虚象的艺术构想,是符合艺术辩证法的。正如唐代张彦远《历代名画记》所说:“夫画物特忌形貌采章,历历具足,甚谨甚细,而外露巧密。”明代孔衍栻《画诀》说:“有墨画处此实笔也,无墨处以云气衬,此虚中之实也。树石房廊等皆有白处,又实中之虚也。实者虚之,虚者实之,满幅皆笔迹,到处却又不见笔痕,但觉一片灵气浮动于纸上。”这里谈的虽然是艺术中的虚实问题,但其目的还是以虚实相生的手法来表现“象”的,“神龙见首不见尾”就是以虚实隐显的手法,展呈出一个虬屈矫健、昂首腾升的全龙的形象。以“不全”表现“全”的艺术手法,其中“实象”“虚象”之间的相互映衬,才给观众展呈出一个神韵俱足、矫健生动的全龙形象。应当说这种“虚实相生”的艺术哲学,其源头正是来源于老子的“恍惚”之说。

目前学术界一般把意象产生的源头追溯到《周易》和《庄子》。敏泽先生在《中国古典意象论》中明确地说:“意象论有两个历史的源头,《周易》和《庄子》。”其实,《老子》哲学,尤其是其中有关“象”的论述对于意象理论的产生和发展也是至关重要的。老子以象论道,道“视之不见”“听之不闻”“博之不得”(第十四章),而象则可视而不可执,且具有象征性和不确定性。东晋韩康伯《系辞注》曰:“象况日月星辰,形况山川草木也。”说明象是一种不具有实体性的现象,是虚体。故有“形乃谓之器,见乃谓之象”(《周易·系辞上》)。形器是物,亦可称之为“物象”,意象的意涵就是将主体的思想感情和事理溶入客观的物象之中,以象表意。比如李商隐《无题》中“春蚕到死丝方尽，蜡炬成灰泪始干”，这里以春蚕吐丝和蜡泪不尽两个物象，比喻情人别意缠绵，黯然神伤，言语巧妙而情思无限。用意象词写诗较之直言铺陈不仅生动形象，而且耐人涵泳，余味无穷。清代文论家叶燮《原诗·内篇》说：“可言之理，人人能言之，又安在诗人之言之？可征之事，人人能述之，又安在诗人之述之？必有不可言之理，不可述之事，遇之于默会意象之表，而理与事无不灿然于前者也。”比如宋代词人柳永《雨霖铃》中“执手相看泪眼，竟无语凝噎”，情人离别，留恋依依，难舍难分，这时要说的话太多了，用什么语言去表达这份离情备足、纷乱复杂的情感都显得苍白，然而诗人用了这两句形象描写就把那说不清、道不明，难以言说的“万种风情”表达得蕴藉而丰富，真正达到了“含蓄无限，思致微妙，其寄托在可言不可言之间，其指归在可解不可解之会……绝议论而穷思维，引人于冥漠恍惚之境”（叶燮语）。这就是意象的模糊性效果，让你去猜想，“思接千载，视通万里”（刘勰语）。人物内心的无穷想象，其情、其意、其事、其理就会营构出各种形象，这个“象”就是“心象”。“心象”的无限性就是“大象无形”。有些学者把“大象无形”解释为“没有形象”，其实应当理解为：没有限定性的形象就是大象。这和老子说的“大音希声”是一个道理。近代大儒严复解释“大音希声”为“大音过乎听之量”（引自《毓老师说老子》），意思是说五音杂会，震耳欲聋，成了“不可得闻之音”（《老子》第十二章）。他解释“大象无形”为“大象逾乎视之域”（同上），视力不及，就看不到形象了。其实，看不到形象并不等于无形象。前面所说的那个牧童牵牛过桥的故事，画中就没有画缰绳，画家以无显有，欣赏者则可“思而得之”，这就是变哲学中的有无之理为艺术中的隐显之妙。古代画论中有所谓“远水无波，远人无目，非无也，如无耳”（《林泉高致集》），说的也是这个道理。唐司空图《与极浦书》中提出了“象外之象”这一美学命题，因为意在象外，故必须“超以象外”（司空图《二十四诗品》）才能忘象而得意。例如孟浩然有一首《望洞庭湖赠张丞相》诗，后四句是“欲济无舟楫，端居耻圣明。坐观垂钓者，徒有羡鱼情”。孟浩然当时是一位在野的隐士，想当官而苦于无人援引，所以就写了这首不失体面的干谒诗。诗是写给时任相位的张九龄，目的是想得到张九龄的赏识和录用。用诗人艾青的话说，“意象就是为了表达一种观念，在生活中选取一种形象就叫意象”（《诗论》）。孟浩然借“欲济无舟楫”，比喻他意欲出来当官，而无人援手，这是一种比喻意象，他把身居相位的张九龄比喻为垂钓者，而把自己比作垂涎垂钓的一位隐士，最后一句“徒有羡鱼情”，说得有点“琵琶半面”的味道，意思是说，我也想当一个垂钓者（当官），无奈没人赏识，那就只好羡慕你垂钓而已。诗讲究“以景结情”，该诗结句干谒之意是非常明显的。情含在景里，若与朱庆餘《闺意献张水部》诗相比，同为比喻意象，朱诗写得情意绵绵，喻义巧妙；孟诗写得象外见意，须意会得之，是象外之象。过去我一直把孟浩然这首诗当作一般的干谒诗来读，现在看来凡是象中含意，或意中有象，不以言明而以象明的诗都应该归类于意象诗，当然这个“象”不单指景象，也包括事与理。谈到“象外之象”的意象诗，我们不妨与晚唐诗人温庭筠的那首《商山早行》作一比较。这首诗最著名的两句就是“鸡声茅店月，人迹板桥霜”，这里把六个互不相涉的名词，不用连接词和介词，硬生生地并列在一起，竟能把“道路辛苦，羁旅愁思”（欧阳修《六一诗话》）的意思表达得委婉曲折，意蕴深隐。梅尧臣论诗主张“状难写之景如在目前，含不尽之意见于言外”，他认为这首诗“道路辛苦，羁旅愁思，岂不见于言外乎？”他说的“见于言外”是指旅行人听到鸡声报晓，就赶紧打点行装，趁残月未落就急忙起身赶路，谁知板桥上已经有“人迹”显露在薄霜的路面上，正所谓“莫道君行早，更有早行人”。这些情况，诗中“不用一二闲字”，仅仅把有关的物象词并列地写出来，就把行路人之辛苦行状写得“如在目前”，而且“意象具足，始为难得”（明李东阳语），所以是意在言外，是从象外之象联想到的。不过我觉得二诗虽均为“象外之象”，以具象表抽象，但是也有所不同。《商山早行》所选取之象都在“早行”范围之内，诸如鸡声、残月以及尚未融化的早霜，都能给人以“早行”的暗示，而孟浩然的诗所选取垂钓之象与任用做官毫不相涉，在吞吐之间暗通款曲，使人意会猜想才知其意。这就牵涉到一个“取象”的问题。道家在表达情志时所选取的意象就不同于儒家，从哲学上来说，道家尚柔、主静、贵无；儒家尚刚、主动、贵有。从人生观、价值观上来说，儒家崇尚经邦济世、“修齐治平”，而道家则推重无为自然，超凡脱俗。儒家追求功名利禄，道家则粪土王侯。我们以水为例，《论语》说“子在川上曰：‘逝者如斯夫，不舍昼夜’”，老子说“上善若水，水善利万物而不争”，孔子看到流水的不停流淌，叹息时光的流逝，发出“叹逝”之感；老子看到水利万物而不与万物争利的善德，故曰“上善若水”。但同样是水，李后主却发出了“问君能有几多愁，恰似一江春水向东流”的慨叹。孔子、老子从水中看到的是哲学，李后主却在流水中看到了艺术，水成了“愁”的比喻意象。三者虽都取象于水，然而其指向性却大不相同。

《老子》一书是以“道”为核心的哲学著作，它是以“象”论“道”。道不可见，不可闻，不可搏；而象则是可见不可执的现象、迹象。故道以象明。在老子的象论中有两点值得注意：其一是它的“恍惚”论；其二是它的“大象无形”论。我们先谈“恍惚”。所谓“恍惚”就是模糊不清的意思。《老子》曰：“道之为物，惟恍惟惚。惚兮恍兮，其中有象；恍兮惚兮，其中有物。”（第二十一章）这是一种似有若无的状态，它催生出艺术中的隐显虚实、“有无相生”(第二章)的朦胧美,它可以诱发出欣赏者无穷的想象,使人在含蓄蕴藉中得到美的享受。明谢榛《四溟诗话》说:“凡作诗不宜逼真……妙在含糊,方见作手。”“水中花影,帘里美人,意中早已分明,眼底正自分明不出”(清金圣叹语),意在含糊,故意不说破,“若使当时真尽说出,亦复何味耶?”(同上)在中国古代诗词中“影”字最善表达这种半吞半吐、含意蕴藉的意蕴,如宋张先《天仙子》词“云破月来花弄影”一句最为人称道。他把云、月、花三个物象浓缩在一个“影”字里,令人含玩不尽。没有“云破”,月就显露不出来,没有月光,花就无影,若无风吹,花就不会“弄影”。特别是这“弄影”二字极为传神,看不到花,而看到花影,是不写之写,看不到风而看到花影摇动(弄),这是虚实相生。这正是似有迹而无迹的艺术妙境。《老子吕惠卿注》中说:“象者,疑于有物而非物也,故曰无物之象……物者,疑于无物而有物者也,故曰无状之状,又曰有物混成。恍惚则不测,不测则神矣。”这说明美学中的朦胧美正来源于老子的“恍惚”。

其次再谈“大象无形”。《老子》第四十一章中写道:“大音希声,大象无形。”这两句的意思是说,最大的声音听起来好像听不到,最大的形象,看起来反而无形。从文字的涵义上讲,这样解释是不错的,但从逻辑上讲似乎悖而不通。其实其中的关键问题就是有没有限定性的问题。用王弼的话来说就是“故象而形者,非大象也。音而声者,非大音也”。意思是说“象”如果有了形,就有了限定性,这个象是桃花,那它就不可能是杏花,它只是万象之中的一象,而非大象。大象(道)是无形无象的,它什么都不是,正因为它什么都不是(没有限定性),所以它才能什么都是。所以说“大象无形”。“大音希声”也是这个道理,正因为它是“听之不闻”的无声,所以它才可以成为五声中的一声，既可以是商声，又可以是宫声，还可以是其他的声音，所以说无音才是大声。宋范晞文《对床夜语》曰："不以虚为虚，而以实为虚，化景物为情思，从首至尾，自然如行云流水，此其难也。"例如王维《送沈子福之江东》中"惟有相思似春色，江南江北送君归"，如果我们把"春色"比喻为大象，它不单指桃红柳绿，芳草萋萋，也不单指莺歌燕舞，碧波清流，而是将自然界的春光荡漾，春满人间的无限景色化为充塞天地的不尽情思，春色无边无际，情思无穷无尽，这就是老子所说的"无状之状，无物之象"的"大象"（第十四章）。

道家取象不单取自天地自然物象，也取自那些超脱凡俗，傲倪一切，具有出世情怀道家风范的人物意象。例如陶渊明、李白、苏轼、竹林七贤、扬州八怪，甚至有些外儒内道的失意文人，往往在作品中流露出道家的高雅清幽、飘逸洒脱、傲倪世俗、高蹈遗世的出尘之趣和旷达情怀。柳宗元应当是儒家中人，但他在永贞革新失败后被贬永州，心中自有许多无法言说的苦闷和愤恨。于是他就寄情山水以抒发他的愤懑之情。正如他在《寄许京兆孟容书》中所说："贤者不得志于今，必取贵于后，古之著书者皆是也。宗元近欲务此。"《江雪》和《渔翁》两首诗就是在这种背景下写出的寄情之作。这两首诗虽然描写了两个不同性格的渔翁形象，然而都不出道家渔父意象之樊篱。"渔父"意象的产生，最早出于楚辞《渔父》。它和庄子《渔父》同样为我们塑造了一个高蹈于世俗之外，不执着于是非之争，一切顺乎自然，随遇而安的典型道家人物形象。王逸在《楚辞章句》中说："渔父避世隐身，钓鱼江滨，欣然自乐。"这就把"渔父"这个人物意象定义为避世隐身，不是以捕鱼为生的渔翁，而是一个隐士。"渔父"意象是一种隐逸的象征，后世之作都赋予"渔父"意象以超凡脱俗、恬淡自适、逍遥旷达、酒醉酒醒、不知今夕何夕的江湖船子的文化内涵。张志和

《渔歌子》中“青箬笠，绿蓑衣，斜风细雨不须归”描写的就是一个典型的烟波钓徒式的渔父意象。柳宗元的《江雪》，描绘了一幅寒江独钓图，在冰天雪地的寂寥环境中，渔翁一杆在手，独钓于寒江之上。那种不惧风雪，不畏寂寞，意不在鱼的孤傲清高气节，带给我们的是仰之弥高的精神力量。所以苏东坡在《评韩柳诗》中说：“外枯而中膏，似淡而实美，渊明、子厚之流是也。”

《渔翁》诗中的渔父意象就迥然不同：

渔翁夜傍西岩宿，晓汲清湘燃楚竹。
烟销日出不见人，欸乃一声山水绿。
回看天际下中流，岩上无心云相逐。

船上生活居无定所，昼行夜宿，随遇而安，船行到什么地方就停靠在什么地方，是逍遥自在，也是无为自然。看似一句不经意的“渔翁夜傍西岩宿”的叙事性描写，流露出的却是道家的逍遥自适的义涵。第二句为什么要点出“清湘”和“楚竹”呢？“湘”指湖南的湘水，“楚”指称湖南属于楚地。因为船就停靠在湘水之上，烧火做饭自然是就地取材，汲湘江之水，燃楚地之竹。这种浪迹天涯、泛游江湖的过客生活，是既普通又自然自适的生活样态。道家的逍遥自在就是诗中应有之意。第三句是说太阳出来了，烟消雾散，船家（渔翁）就开船到下游撒网打鱼去了，故“不见人”。第四句不是说唱一曲渔歌（欸乃）就把山水唱绿了，而是说渔翁逍遥于山光水影之中，山青水绿，浪花细语，遁形世外，高歌抒怀。末两句，苏轼说“虽不必亦可”，严羽也附和说“东坡删去后二句，使子厚复生，亦必心服”（《沧浪诗话·考证》）。这种看法是“知诗人”的看法，因为前四局已经把诗歌的意境写得深永意远，耐人玩味，若再添上后二句就有蛇足之嫌了。然而柳宗元毕竟是位大诗人，他不会不知道写上这二句与不写这二句孰轻孰重的道理，既然写了，就有他的道理。我认为这二句是对他贬谪生活的凄苦之情的流露，像水中浮萍顺水漂流，像天上白云随风舒卷，浪迹中有逍遥也有痛苦，尽管漂泊中有青山绿水做伴，但毕竟是舟中即世界，世界即舟中，真正成了一个孤独的、随水漂流的生活过客。我想苏轼说“熟味此诗有奇趣”是否也应该包含有这层意思？

四、庄子的“忘”论与意象

在《庄子》一书中，“忘”字总共出现过八十三次。与“忘”字相类似的还有一个“外”字。“忘”的含义有忘掉、忽略、超越等意涵，而“外”字在《庄子》一书中，不仅包含有“忘”的意思，另外还有“外掉”即清除掉的意思。就好像心中有烦恼，我把它清除掉（外掉）。例如《庄子·至乐》：“夫富者，苦身疾作，多积财而不得尽用，其为形也亦外矣。”这里所说的“其为形也亦外矣”，就是说富人为了积累财富，“苦身疾作”，把自己的身体都“外”掉了，即贪财而忘命，最终还是“不得尽用”，岂不是忘记形体，累身伤命吗？又如《庄子·大宗师》“南伯子葵问乎女偊”那段话中，就提出了“外天下”“外物”“外生”等命题，意思是说，如果人能忘记天下，忘记万物，忘记生死，“朝彻，而后能见独”（彻悟大道），就能进入“无古今，而后入于不死不生”之境。当一个人泯灭了时间，忘记了生死，“天地与我并生而万物与我为一”，那么就可以成为万物所宗，天下效法的“大宗师”了。另外，庄子在《大宗师》中还提出了“坐忘”的概念。“仲尼蹴然曰：‘何谓坐忘?'颜回曰:'堕肢体,黜聪明,离形去知,同于大通,此谓坐忘。'"关于"坐忘",历代解释不一。西晋郭象说:"夫坐忘者,奚所不忘哉!既忘其迹,又忘其所以迹者,内不觉其一身,外不识有天地,然后旷然与变化为体而无不通也。"(清郭庆藩《庄子集释》)这种内忘其身,外忘天地,与万物化为一体,与道融通为一,达到"丧我"的境地,超脱一切世俗理念,实现精神上的绝对自由,就"无不通也"。唐代成玄英《庄子注疏》曰:"外则离析于形体,一一虚假,此解'堕肢体'也。内则除去心识,悗然无知,此解'黜聪明'也。既而枯木死灰,冥同大道,如此之益,谓之'坐忘'也。"外则忘形体,内则去心智,"离形去知"就通于大道。通俗说,就是外则不追求肉体感官上的快适与享受(离形),内则不追求精神上的聪明智慧(去知),因为庄子认为人有了聪明智慧,就有了"机心"(即钩心斗角、尔虞我诈之心),所谓"圣人不死,大盗不止"(《胠箧》),只有"坐而忘其身"(西晋司马彪语),才能"物我两忘"达于大道。那么,庄子为什么要提出"坐忘"的命题?简单说就是保命哲学。庄子生活在战国中期,这是一个大动荡、大变革的时代,旧贵族的统治正在退出历史舞台,新兴地主阶级正在兴起,"人间世"充满了横暴与贪婪,欺诈与狡黠,求名逐利,尔虞我诈,伦理沦丧,蝇营狗苟。整个社会充斥着黑暗,正如孟子所说:"争地以战,杀人盈野;争城以战,杀人盈城。"(《孟子·离娄上》)人民处于水火之中,各个阶层纷纷发表对于社会治乱的看法,所谓"百家争鸣"。庄子是一个具有丰富文化素养和政治智慧的哲学家,面对残酷的社会现实,他在继承老子哲学的基础上,提出了自己独树一帜的人生哲学。带着对黑暗社会的绝望心情,他那种对社会现实的悲观性,以及对社会理想的空想性,导致了他对现实生活的彻底否定。在险恶的社会环境里,要想保全生命,他认为最好是逃避社会,超乎尘世,游于"无何有之乡”(《逍遥游》),“处于材与不材之间”(《山木》),“独与天地精神往来”(《天下》),宁愿“曳尾于涂中”也不愿“藏之庙堂之上”(《秋水》),在精神上追求绝对自由,超脱自适,在“忘我”中寻求解脱,在毫无牵累的“逍遥游”中安顿自己的生命。基于此,他反对儒、墨的仁、义、忠、信等伦理枷锁,主张安时处顺,委运任化,忘记功名利禄,达到“无己”“丧我”的境界,去获得一种“乘天地之正,而御六气之辩,以游无穷”(《逍遥游》)的“无待”自由。在庄子那里,“忘”不仅是一种生理功能,也是一种“忘却”艺术。《庄子·达生》说:“忘足,履之适也;忘要(腰),带之适也;知忘是非,心之适也。不内变,不外从,事会之适也。始乎适而未尝不适者,忘适之适也。”鞋子合脚不合脚,只有脚知道,如果忘记了脚,鞋自然就合适了;如果忘记了腰,腰带自然就合适了;忘记了是非,心中就没有烦恼了。如果处处都舒适了,就会连“舒适”本身也忘记了。鱼生活在水中,却忘记了水;人生活在气(道)中,却忘记了气,日日生活在“有”中,却不知有“有”,即“百姓日用而不知”(《周易·系辞上》)。所以庄子说“鱼相忘乎江湖,人相忘乎道术”(《大宗师》)。

下面我们从艺术层面来谈“忘”。儒家追求自由是以符合仁义礼乐为前提的,所以才有了孔子那句“七十而从心所欲,不逾矩”(《论语·为政》)。而庄子则是把“忘”作为追求“无待”自由和解脱生命悲剧的手段,他连生命都忘记了,还有什么“不适”和烦恼呢?只有忘记一切束缚,达于“无待”境界,才能获得真正的心灵自由,进而进入审美的人生境界。陶渊明是一个超越生死的“知道之士”(罗大经语),他说“人生似幻化,终当归空无”(《形影神》),“纵浪大化中,不喜亦不惧”(《神释》),“死去何所道,托体同山阿”(《拟挽歌辞》)。这里的“化”是指从生到死的变化,简单说就是“死”。为什么他能如此坦然地面对死亡呢？那就是“忘”。因为他不仅是一位诗人，同时也是一位能够超脱一切的悟者。他清醒地知道人都是要死的(“终当归空无”)，所以“不喜亦不惧”。他在《饮酒》其五中说：“结庐在人境，而无车马喧。问君何能尔，心远地自偏。”这里的“心远”就是“忘”，因为忘掉功名利禄，就能做到身居闹市，心静如水，无欲无求，则无忧无虑。所以他才能东篱采菊，悠然见山，才能在“山气日夕佳，飞鸟相与还”中悟出了“真意”。而这种“真意”又是无法言说的。飞鸟能顺时处世，日夕而归，这是自由；人能处闹市而自安，委运任化，同样是自由；诗人把自由融化在自然景物里，“化景物为情思”，构成意象，臻于艺术之化境。正如徐复观所说：“审美意义上的物我融合，天人合一，因忘而美，超然自适，进入精神上的永恒自由。”(《中国艺术精神》)这种在悠然之中含有“真意”的美，正是“绚烂之极乃造平淡耳”(清彭孙遹《金粟词话》)。苏东坡的“明月几时有，把酒问青天。不知天上宫阙，今夕是何年？”是一种醉酒之“忘”，是表面旷达、内心郁愤的自我排遣。他要“学道忘忧”(《减字木兰花·送别》)，极力忘掉仕途之险恶，忘掉政敌们对他的无情打击，高蹈遗世，固穷自守，寄情于江湖，“我今忘我兼忘世”，“觉从前皆非今是”，“但知临水登山啸咏，自引壶觞自醉”(以上均引自《哨遍》)，他又说“长恨此身非我有，何时忘却营营。夜阑风静縠纹平。小舟从此逝，江海寄余生”(苏轼《临江仙·夜饮东坡醒复醉》)。苏轼一生仕途坎坷，但他总是徘徊在“出世”与“入世”间，展现出一个独特的“据于儒，依于道，逃于禅”，悲愤而又超脱豁达的诗人形象。“忘却”是一种人生哲学，同时又是一种生活艺术。陶渊明把意象生活化，他把悠然自适的生活融化在他的诗歌里，臻于化境；苏轼却把意象哲思化，他把自己对社会人生的体验和思考通过深邃的哲理性的诗歌语言表达出来，是一种洞明人生、物我两忘的境界。白居易的“一声来耳里，万事离心中”（《好听琴》）是“忘”的境界，李煜的“梦里不知身是客，一晌贪欢”（《浪淘沙》）也是一种“忘”的境界，然而雅俗美丑自然分明。以上我们列举的这些带有“忘”的意蕴的诗词，虽境界不同，风格各异，但其源头都可以追溯到庄子。

庄子《外物》篇中有一段话是意象研究者们津津乐道的，兹录于后：

> 筌者所以在鱼，得鱼而忘筌。蹄者所以在兔，得兔而忘蹄。言者所以在意，得意而忘言。

这段文字中的“筌”是指捕鱼的工具，“蹄”是捕兔的工具。意思是说，得到鱼和兔就可以忘掉捕捉鱼兔的工具。“言”就像筌蹄一样，是用来表意的工具，得到“意”就可以忘掉言辞。庄子这一“得意忘言”论和王弼的“得意忘象”论是一致的，“忘言”“忘象”的哲理对于我国意象论的产生有着重要的启迪意义。中国古典诗词因意象而多义，因意象而空灵，耐含玩而多味，以实出虚，言在此而意在彼，味之不尽。正如王弼《周易略例·名象》所说“忘象者，乃得意者也；忘言者，乃得象者也”，得意在忘象，得象在忘言。“言者，象之蹄也；象者，意之筌也。”例如杜牧《叹花》诗：“自是寻春去校迟，不须惆怅怨芳时。狂风落尽深红色，绿叶成阴子满枝。”诗用比兴，他用“绿叶成阴子满枝”比喻他所爱的姑娘已嫁人生子，他来迟了，其惆怅懊丧之情“见于言外”。这就是“得象在忘言”，因为他是用的“言在此而意在彼”的比兴手法。又如温庭筠《商山早行》中的“鸡声茅店月”一句，这里的鸡声、茅店、月是物象，三个物象词并列在一起，就会使人想象出远行人起早赶路的辛苦形状，所以欧阳修的《六一诗话》说："道路辛苦，羁愁旅思，岂不见于言外乎！"诗句突出了一个"早"字，这就是所谓"得意忘象"。这种"忘言忘象"的理论，有力地促进了我国艺术对于言外之意、象外之象、弦外之音的追求。刘勰《文心雕龙·隐秀》中"隐也者，文外之重旨"指的就是这个意思。因为这个"重旨"（即两个旨意）是隐于言外的，要靠象内所表露出来的内容或暗示出来的意思去意会联想才能体味出来。正如杨万里《诚斋诗话》所说："句中无其辞，而句外有其意。"苏东坡的所谓"朱竹""墨竹"，也是一种"得意忘象"，只要能表现出"竹"的"遒劲孤高，中空外直"的精神品格，就可忽略其是青（绿）是墨，或是朱的颜色。倪云林的"逸气"说，也是这个意思。类似的说法有皎然的"但见性情，不睹文字"（《诗式》），唐司空图的"不着一字，尽得风流"（《诗品》），宋严羽的"羚羊挂角，无迹可求"（《沧浪诗话》），清刘熙载的"'有'者，但见性情气骨也；'无'者，不见语言文字也"（清刘熙载《艺概》）。

五、禅宗的"悟"论与意象

禅宗是中国佛教派别之一，后分为北宗和南宗，神秀的北宗禅倡"渐悟"，慧能的南宗禅倡"顿悟"，故有"南顿北渐"之说。

禅宗的所谓"悟"就是指对佛法的领悟、悟觉。这种"悟"的特点是心领神会，以心传心，不可言传，只靠内心体验、领悟。世尊以拈花示教，迦叶以微笑示悟，均不使用语言，都是一种形象的暗示，因为佛家认为一落言筌，便成谬误，若经道破，已非真实。为此，那些佛门弟子为了询问佛法教义，解颖开悟，没少吃禅师的杖敲棒打，因为教义

是不能言说的,不能问,只能靠内心参悟。有一则公案如下:

上堂,僧问:“如何是佛法大意?”师竖起拂子。僧便喝,师便打。又僧问:“如何是佛法大意?”师竖起拂子。僧便喝,师亦喝。僧拟议,师便打。师乃云:“夫为法者不避丧身失命,我二十年在黄蘗先师处,三度问佛法大意,三度蒙他赐杖。”

(引自《镇州临济慧照禅师语录》)

上面这则公案说明,佛教中这种以“棒喝”启悟的方法,是为了使僧徒破除文字执,打破参禅者对语言的迷信和执着。另外还有一种悟道的方法叫“机锋”,是指禅僧以非逻辑性语言来考验对方悟道程度。双方问答混似胡言乱语的疯话,目的是彻底破坏语言的逻辑性。六祖慧能就曾教导弟子们:“若有人问汝义,问有将无对,问无将有对;问凡以圣对,问圣以凡对。二道相因,生中道义(即不偏不倚的道义)。”(《坛经·付嘱品》)例如:

《景德传灯录》卷五:“僧问:‘如何是佛法大意?’师曰:‘庐陵米作么价?’”

《五灯会元》卷十一:“问:‘如何是古佛心?’师曰:‘镇州萝卜重三斤。’”

《五灯会元》卷十二:“问:‘如何是祖师西来意?’师曰:‘三日风,五日雨。’”

《五灯会元》卷五:“问:‘如何是祖师西来意?’师曰:‘庭前柏树子。’”

以上这些问答纯属戏言,意思是佛教教义(即第一义)是不能问的,虽然没有“棒打”,但禅师意在让僧徒明白语言概念是没有意义的,他这种胡言乱语就是要破除世俗的文字执,让你在长期修习中去“悟”,这就是禅宗所谓“教外别传,不立文字”“以心传心”的传教方法。

另外,佛教的“机锋”还表现在打破世俗的思维逻辑,所谓“事障”“理障”。如《指月录》中有一段公案:

> 问强上座曰:“佛真法身犹若虚空,应物现形如水中月。作么生说个应底道理?”曰:“如驴觑井。”师曰:“道则太煞道,只道得八成。”曰:“和尚又如何?”师曰:“如井觑驴。”

这段公案意思是说,佛的法身是虚空的,像水中月那样,你(指德上座弟子)说这是什么道理?问强上座用了一个比喻回答说“如驴觑井”,禅师认为他这个说法“太煞道”(意谓违背佛道),只说对了“八成”,问强上座弟子问禅师应该怎样解释?禅师说,应该说成“如井觑驴”。在禅师看来,“如驴觑井”是世俗的正常思维,而禅界应该倒过来说,这就破坏了世俗的语言思维逻辑。佛家这种打乱世俗正常思维逻辑的启悟解颖方法,虽然是谬误的,但却对诗人们的艺术思维有所启迪。如王安石曾把王仲至的诗句“日斜奏罢《长杨赋》”改为“日斜奏赋《长杨》罢”,并说“诗家语如此乃健”(见陈善《扪虱诗话》)。说明诗歌语言不同于散文那样,是一种合乎逻辑的规范语言,他这样改诗应当是和禅宗的反逻辑思维有很大关系。如杜甫的《秋兴八首》其八有“香稻啄余鹦鹉粒,碧梧栖老凤凰枝”两句,实际上若按正常思维逻辑来写应为“鹦鹉啄余香稻粒,凤凰栖老碧梧枝”,然而杜甫何以如此颠倒语序来写呢？一是受平仄对仗所限，二是为了突出长安当年的盛景，并非刻意去写鹦鹉啄稻、凤凰栖枝，所以唯有如此写法，才不违背诗的主旨。明代唐汝询说："诗意本谓香稻则鹦鹉啄余之粒，碧梧乃凤凰栖老之枝。盖举鹦凤以形容二物之美，非实事也。若云'鹦鹉啄余香稻粒，凤凰栖老碧梧枝'，是实有凤凰鹦鹉矣。"(《唐诗解》卷四十一)

从以上所举的公案中，我们知道禅宗认为佛性就在自己心中，只要"明心见性"，就能"见性成佛"。语言文字是人为的枷锁，它遮蔽了真如佛性，只有潜心内观，沉思冥想，息心静虑，直觉观照，才能摒弃世俗的逻辑思维和理性制约，进入禅悟境界。正如《维摩诘所说经》所云："无有文字语言，是真入不二法门。"严羽《沧浪诗话》说："禅道惟在妙悟，诗道亦在妙悟。"所谓禅宗的"悟"或"妙悟"，按照叶朗先生的说法就是："禅宗的'悟'，并不是领悟一般的知识，而是对于宇宙本体的体验、领悟。所以是一种形而上的'悟'。"(《美在意象》)他又转引季羡林的话说："在佛教中'悟'有两个层次，小乘佛教要悟到的是'无我'，这是低层次的悟；大乘佛教要悟到的是'空'，这是高层次的悟。无论悟到的是'无我'或'空'，这悟到的东西都是根本性的东西，是宇宙的本体，也就是中国人讲的'道'，必须悟到这形而上的本体，才叫'悟'或'妙悟'。"(同上)例如罗大经《鹤林雨露》卷六有一首悟道诗："尽日寻春不见春，芒鞋踏遍陇头云。归来笑捻梅花嗅，春在枝头已十分。"诗中以"春"喻道，僧侣踏破芒鞋也"不见春"，原来春就在自己心中，不必向外求寻，故而某尼见梅花而悟道。这就是从"色"(梅花)悟到了"空"(道)，从"有"(梅花)悟到了"无"(禅)。这种以花喻春的禅悟境界，明代达观禅师有一段精彩的文字，他说："禅如春也，文字则花也。春在于花，全花是春；花在于春，全春是花，而曰禅与文字有二乎哉?"(《石门文字禅》序)这里他虽然是在谈禅宗"不立文字,不离文字,非无文字",但他也说明了禅与花、抽象与具象的辩证关系。禅是抽象的普遍的春,文字是具象的特殊的花。抽象是具象的本质概括,具象是抽象的本质体现。禅是抽象的理念,花是具象的形象,以具象表抽象正是意象的本质。明诗僧普荷说:"禅而无禅便是诗,诗而无诗禅俨然。"(《滇南拾遗》)某尼之诗有禅趣而无禅语,没有使人陷入禅宗的"理障"之中,并且使你在充满禅趣的意象世界里得到美的享受。宋严羽说:"禅道惟在妙悟,诗道亦在妙悟。"(《沧浪诗话》)清诗僧也认为:"儒家诗教,陶淑性情,与佛门禅悦相表里。"(《方外诗选》序)因此可以看出"禅悟"与"诗悟"在妙悟上是诗禅一律、互为表里的。所谓"悟"或"妙悟"是佛教美学重要范畴之一,实指"禅悟"。通俗地说就是理不说破,靠自心颖悟,意不说尽而寓意自明,令人在玩索中领悟其中的奥义理趣。苏轼说:"欲令诗语妙,无厌空且静。静故了群动,空故纳万境。"(《送参寥师》)这里的"空"是指空灵,"静"指静寂。这空灵和静寂的意象世界正是禅宗悟境的特色,正如严羽所说"惟悟乃为当行,乃为本色"(《沧浪诗话》)。例如王维《鹿柴》诗:"空山不见人,但闻人语响。返景入深林,复照青苔上。"这首诗既不托物言志,又不借景抒情,而是创造了一个静寂空灵的意象世界。"空山不见人"是"空","但闻人语响"是以动显静,更觉其空,这和"鸟鸣山更幽"同一机杼。宗白华说:"禅是动中的极静,也是静中的极动。"(《艺境》)只有静寂才能更加体味出"空"的境界。"返景入深林,复照青苔上"二句仍然是无声的静寂,仍然是"空",然而这里的"空"是由"返景"(夕阳)和"青苔"两个"色"的意象衬托出来的,是"有"中之"空",因为"深林"和"青苔"两个意象寓有常年不见人迹的意思,虽然是具象的"有",但它让你悟到的仍是

“空”的意境。诗里没有世俗的妄念尘想，是一个无欲、无念、无心、无住的空灵澄澈的禅宗意象世界。“寂”在禅宗那里是永恒的，而“返景”和“复照”是今天的，也是明天的，所以说它是宇宙本体永恒的动中之“静”，故而宗白华先生说：“寂而常照，照而常寂，动静不二，直探生命的本源。”（《艺境》）

禅和诗毕竟是两种不同的意识形态，禅是宗教，诗是艺术，宗教追求的是善，艺术追求的是美。然而僧人借诗释禅，士大夫诗人出于不同境遇借禅释怀，出现了“僧诗”和“诗僧”的现象。唐代以后如王维、孟浩然、韦应物、柳宗元、苏轼、黄庭坚等都是一些外儒内禅的近禅诗人，他们写的一些禅悦诗歌，虽然禅味很浓，但在“取象”方面却范围较广，世间万象、人生百味均可入诗。而那些僧人的“僧诗”则更多“僧气”，意象的选取也多自然山水、风花云月、深涧幽境，让你在静寂清幽的意境中，悟出诗人的语境禅心。欧阳修《六一诗话》讲了一个僧人写诗的故事。宋朝有一名进士名叫许洞，他有一次和九名著名诗僧聚会，分题作诗。许洞在一张纸上写出山、水、风、云、竹、石、花、草、雪、霜、星、月、禽鸟之类的字，并说“不得犯此一字”，于是众僧搁笔，不敢作诗。由此可以看出僧诗的诗材（意象）过于狭窄，缺乏活生生的社会生活气息，正因为如此，使得“僧诗”多清幽空灵，意境深邃。

我们试举例说明。王维《鸟鸣涧》：“人闲桂花落，夜静春山空。月出惊山鸟，时鸣春涧中。”这首诗没有寄托，只是给你创造了一个空静的意象世界。王维的禅境诗歌，一般不写人，更不流露感情。正如清陈宏旭所说：“禅以妙悟为主……诗亦如之，此其相类而合者也。然诗以道性情，而禅者期于见性而忘情。”（《尺牍新钞·二集》）然而这首诗为什么第一句就写“人闲桂花落”呢？这里的“人闲”是指人的

“心”闲，无牵无累，无欲无念，万念俱灭，“禅是动中的极静”（宗白华语），所以连“桂花落”都能察觉到，世俗的干扰没有了，心中的欲念寂灭了，这是一个多么静寂而空的世界啊！诗的第二句“夜静春山空”，由人心的“空”进而又写出环境的“空”，写出了“万古长空，一朝风月”、瞬间永恒的禅宗意象世界。三、四两句，是写“极静”的氛围，连无声的月光移动都能惊动宿鸟，鸟的鸣叫又反衬出春山的空静。这岂不正是苏轼所说的“静故了群动，空故纳万境”的道理吗？诗因“空”才能吸纳万境，驰骋想象，这是悟境。只有在静心息虑，沉思冥想中，你才能悟出纷扰躁动的世俗世界，功名利禄的身外之求是“毒龙”，所以“安禅制毒龙”（所谓“安禅”即安静、坐禅、打坐，“毒龙”即人的欲念）。“空”是由静而来，静则空，空则幽，幽则深。读王维的那些禅味很浓的诗，像看一幅自然山水画，山水就是山水，花鸟就是花鸟，看不出深永的意蕴和寄托，完全是白描式的自然山水，如“空山不见人”“涧户寂无人”“深林人不知”，等等。即便有人，也是“空山不见人，但闻人语响”（《鹿柴》），“欲投人处宿，隔水问樵夫”（《终南山》），“独坐幽篁里，弹琴复长啸”（《竹里馆》），完全是一个“晚年惟好静，万事不关心”（《酬张少府》）的方外之人。晚唐诗人杜荀鹤说：“逢人不说人间事，便是人间无事人。”（《赠质上人》）这似乎是对王维晚年生活的写照。明谢榛《四溟诗话》卷一有这样一段记载：“韦苏州曰：‘窗里人将老，门前树已秋。’白乐天曰：‘树初黄叶日，人欲白头时。’司空曙曰：‘雨中黄叶树，灯下白头人。’三诗同一机杼，司空为优，善状目前之景，无限凄感，见乎言表。”其实，不仅在于“善状目前之景”，而是司空曙比韦应物、白居易的诗增加了“雨中”“灯下”两个意象词，这对于增加凄凉的氛围有着增强渲染的效果，感染力更深。王维在《秋夜独坐》一诗中也有类似的两句：“雨中山果落，灯下草虫鸣。”高步瀛《唐宋诗举要》在评说司空曙那两句诗时说：“‘雨中’‘灯下’虽与王摩诘相犯，而意境各自不同，正不为病。”虽然意境不同，“正不为病”，但由此可以看出王维的禅诗具有“见性而忘情”的特点（陈宏旭语）。前三位诗人都以“黄叶”“白头”或“秋”的意象来表达了诗人年老凄凉的落寞情怀，而王维只写雨中的“山果落”，灯下的“草虫鸣”，展呈的是一个空静的意象境界，也是一个没有“情”的禅趣世界。应当说苏轼的“欲令诗语妙，无厌空且静”此言不虚。因为王维的那些带有禅趣的诗，不仅写出了“境”的空静，而且也通过意象的空静写出了“心”的寂灭。如他的《辛夷坞》：“木末芙蓉花，山中发红萼。涧户寂无人，纷纷开且落。”诗写深山幽涧，无人无声，花自开自落，在这静寂的世界里，一切都是那么自然而然。这是从花的“有”悟出了“色”的“空”，是深悟，是不见炉锤的化境。“情”和“欲”被融化在这个“空静”的意象世界里。苏轼《书晁补之所藏与可画竹三首》其一说：“与可画竹时，见竹不见人。岂独不见人，嗒然遗其身。其身与竹化，无穷出清新。”清石涛说：“山川与予神遇而迹化。”（《中国历代画论》）这是一种物我浑融为一的境界。王维的禅趣诗正是这种“见竹不见人”的境界，只见空山鸟鸣、深林明月，而不阐释“色空”禅理。苏轼也是一位耽于禅悦的近禅诗人，尤其是他被贬黄州之后，胸中的怫郁使他走近佛禅。然而苏轼诗的禅趣不同于王维，王维的禅诗只白描景物而不演绎禅理，甚至不流露一丝情感，让读者从他所创造的“无我”禅境中去悟出“色空”的禅理。如王维《谒璇上人并序》所说“色空无碍，不物物也；默语无际，不言言也”。所谓“色空无碍”，即“色即是空”，在空无的世界里仍然有物（色）存在，虽不写物却有物存在，如撮盐入水，似无而实有。前面所说的绘画中的空白处，并非纸素之白，而可以是天，是水，是云，是雪，还可以是月光。所以是“不物物也”。所谓“默语无际”，是指虽不说话但心灵的活动无边无际，在寂静的无声世界里，你可以“思接千载”（刘勰语），一片落叶，一圈涟漪，一弯月痕，一抹夕阳，让你在这一瞬间领悟到宇宙的沧桑巨变，人生的生死轮回，这就是禅家所谓“万古长空，一朝风月”（《五灯会元》）。也就是在一草一木中，在砍柴担水中，去领悟那永恒的“万古长空”，在形而下的事物中去追求形而上的宇宙本体，这就是“不言言也”。苏轼的诗文不乏禅语、禅意和禅趣，但在看破人生方面似不及王维。试看他的《水调歌头》既有“我欲乘风归去，又恐琼楼玉宇，高处不胜寒”的出世感喟，又有“起舞弄清影，何似在人间”的入世情怀。他借“月有阴晴圆缺”的自然之理，关合“人有悲欢离合”的人生真谛，既演绎物理，又悟解人情，达到人情物理浑融契合。而这些方面在王维的诗里却是没有的。王维《鹿柴》所描写的是一个空灵境界，但这个“空”是从有到无的空，一旦“返景”消失，一切皆归于“空无”。苏轼《和子由渑池怀旧》：“人生到处知何似，应似飞鸿踏雪泥。泥上偶然留指爪，鸿飞那复计东西。”这里的“雪泥鸿爪”是短暂的“有”，一旦雪消泥融，“雪泥鸿爪”也就不复存在。这也是一个从有到无的“空”。唯王维的“空”是由诗中意象以它的本然状态自然呈现，揭示了物质世界自生自灭、无始无终，以自然显示出“无我”之境，这个没有“自我”的境界，就是“不生不灭，如来异名”的真如佛性世界，是“空灵”境界。苏轼的“空”是洞达事理之后潇洒旷达的“空”，是参透人生后的“超脱”。《记承天夜游》是他被贬黄州后的作品，但作品里丝毫没有流露出他的怫郁和苦闷。他在“庭下如积水空明，水中藻荇交横，盖竹柏影也”的清幽空灵描写后，紧接着就颇具禅意地议论说：“何夜无月，何处无竹柏，但少闲人如吾两人者耳！”真可谓议论超旷，不烦绳削。其中“闲人”二字乃句中之眼，他把胸中的苦闷，以及对人生的感悟化为悠然物外、潇洒超脱的“闲人”。这是他富含哲思的醒世之悟，其领悟之深刻，析理之圆融，可谓“敏妙超脱，巧夺天工”（朱庭珍《筱园诗话》）。

禅宗之悟是指灭绝生死轮回之苦的大彻大悟，是涅槃境界。艺术之悟是指情景交融所创构的象外之象、言外之意，是空灵境界。山水在禅境里是佛性的象征物，而在艺术境界中则是审美意象。前者为宗教，后者为艺术。但在“妙悟”这一层面上二者却有相通之处。佛家有“青青翠竹，尽是法身。郁郁黄华，无非般若”的说法，借翠竹象征法身，借黄花而显般若，把无象无知，超言绝象的佛性形象化、具象化，“借事明心，附物显理”（《五灯会元》卷四），把信仰者的主体意识消融于物象之中。正如大珠和尚所说：“法身无象，应翠竹以成形，般若无知，对黄华而显相。”这无疑是禅宗之悟。禅宗这种用比喻、象征和暗示的手法来宣讲教义阐理，对艺术中审美意象的创构有着深刻的影响。哲学家张世英说：“中华思想文化正因为有了禅宗的‘自悟’，其审美境界，其诗意大大提高了一步。”（《中西文化与自我》）禅宗是宗教，它和其他宗教一样，具有某种神秘性，它的不可言传、不可解析、不可演绎的特点非常明显，其教义禅理只能靠自己体验、意会，也就是靠“自悟”去领会。苏轼就有“溪声便是广长舌，山色岂非清净身”（《赠东林总长老》）的禅宗之悟，也有“人间如梦”（《念奴娇·赤壁怀古》）的人生之悟，还有“欲令诗语妙，无厌空且静。静故了群动，空故纳万境”（《送参寥师》）的艺术之悟。苏轼的这个诗道之悟，实际上也是来自禅道之悟。二者相通之处正在一个“空”字。禅宗所说的“空”是指世间一切事物皆是因缘所生，都是虚幻不实的，是“假有”，“如影如响，无有实者”（《五灯会元》卷三）。故《心经》说：“色即是空，空即是色。”明代戒显禅师进一步说：“云腾鸟飞于虚空，而虚空无迹。风动尘翳于日色，而日色不变。生死烦恼现乎我心，而我心体本清净。”（《和天台三圣诗叙》）这里用云腾鸟飞而虚空无迹、风动尘而日色不变来阐释心体清静、烦恼不生的“色空”观念。意谓一旦清静之心顿悟佛性，就能见色不动心，见欲不起念，做到无欲无念，处尘世而心不染，不起妄念，心清如水，则可以去除烦恼，自由解脱，进入大彻大悟的涅槃境界。艺术之“空”，是指由意象所创构的空灵境界。苏轼说“空故纳万境”，意象与意象之间的空间越大，给人的想象余地就越广阔，驰骋万里，余味无穷。宋张炎《词源·清空》说：“词要清空，不要质实。清空则古雅峭拔，质实则凝涩晦昧。”清袁枚说：“凡诗文妙处全在于空。”（《随园诗话》卷十三）因为“空则超，实则滞”（清孙麟趾《词径》）。例如八大山人画一条生动的鱼在纸上，别无一物，令人感到满幅是水。南宋马远有一幅《寒江独钓图》，画中仅一叶扁舟，船头一渔翁持杆独钓，意境清冷静寂，把柳宗元《江雪》诗意中的超逸放达之情表达得高远空灵。正如苏轼所说：“空钩意钓，岂在鲂鲤？”（《观棋》）诚所谓“虚实相生，无画处皆成妙境”（清笪重光《画筌》）。

艺术之“空”，其本质在“虚”，非悟不能识其妙。清汤贻汾说：“人但知有画处是画，不知无画处皆画。画之空处全局所关，即虚实相生法。”（《画筌析览》）这些空白处是“虚中之实”，是画的有机组成部分。“风云雨雪，景象之至虚者，画家无不可绘之于笔。”（叶燮《原诗》）这就是“计白当黑”的艺术辩证法。杜甫的“感时花溅泪，恨别鸟惊心”（《春望》），姜夔的“数峰清苦，商略黄昏雨”（《点绛唇·丁未冬过吴松作》），都是诗人把自己的情感移置于景象之中，使自然有了生命，变物象为意象，使诗歌空灵蕴藉，耐人玩味。朱光潜先生在谈到意象与情趣的契合时说：“每个诗的境界都必有‘情趣’和‘意象’

两个要素，情趣简称‘情’，意象即是景。吾人时时在情趣里过活，却很少能将情趣化为诗，因为情趣是可比喻而不可直接描绘的实感，如果不附丽到具体的意象上去，就根本没有可见的形象。”又说：“意象是零乱破碎，不成章法，不成生命，必须有情趣来融化它们，贯注它们，才内有生命，外有完整形象。”（引自《朱光潜美学文学论文选集》）简言之，一旦把人的情趣融化到景物里，使景物有了生命，就可以“惜别时蜡烛似乎垂泪，兴到时青山亦觉点头”（朱光潜语）。这种情景契合无间，浑融为一，“化景物为情思”（范晞文语）的艺术手法，就是意象的创构。陶渊明的“山气日夕佳，飞鸟相与还。此中有真意，欲辨已忘言”，就是将他逃离官场后的那份恬淡、闲适的悠然情趣融化在“山气日夕佳，飞鸟相与还”这一和谐的自然景色之中，景中含意，意融于景，而且丝毫不露炉锤之工，使诗歌入于化境，这个“真意”（意象）的确是无法言说的。

如果说陶渊明是将意象生活化了，那么苏东坡则是将意象哲思化了。苏东坡才华横溢然而仕途坎坷，他常常徘徊于儒、道、释三者之间。在他的诗文里也不时地流露出仕与隐、出与入的矛盾。李泽厚说“苏轼一生并未退隐”，“但他通过诗文所表达出来的那种人生空漠之感，却比前人任何口头上或事实上的‘退隐’‘归田’‘遁世’要更深刻、更沉重”（《美的历程》）。例如他的“我欲乘风归去，又恐琼楼玉宇，高处不胜寒。起舞弄清影，何似在人间”，就明显地流露出他在出世与入世之间的矛盾心理。他在下半阕中又说“人有悲欢离合，月有阴晴圆缺，此事古难全”，以天地物理关合社会人生，借月释怀，在随缘自适中消解他心中的怫郁情怀。词中的“明月”意象，义涵十分丰富，借“天上宫阙”和“人间”喻指“出世”与“入世”，借“月有阴晴圆缺”和“人有悲欢离合”，既演绎物理，又关合人事，完美契合，不露针线。他在《前赤壁赋》中说:“客亦知夫水与月乎? 逝者如斯,而未尝往也;盈虚者如彼,而卒莫消长也。”水流不舍昼夜却不消失,月之圆缺,“而卒莫消长”。这种以哲理阐释社会人生的演绎方式,是一种理性思维,所以他能够在政敌的一再打击下依然委运自适、超然旷达。所以在他的诗文中往往能体会出深刻的哲思意蕴和道禅思想。“庐山烟雨浙江潮,未至千般恨不消。到得还来别无事,庐山烟雨浙江潮。”(《观潮》)这首诗是苏轼临终之前,给小儿子苏过手书的一道偈子。他听说苏过将去就任中山府通判,这位阅尽人间沧桑、参透生活禅机的风烛老人,想把自己一生对社会人生的参悟,告诉给没有官场阅历的小儿子,也可以说是苏轼一生经历磨难之后的醒世之言,也是他多年禅修之后的“妙悟”之语。诗的字面意思是说,庐山烟雨迷离朦胧,美如仙境,浙江(钱塘江)海宁一带的潮汐,浪翻滔滚,十分壮观。此二处美景可谓天下奇观,如果不到那里看看就会留下遗憾。但是,当你真的去到那里,欣赏了“烟雨”的氤氲曼妙,欣赏了潮汐的汹涌壮观,回家后你就会产生“如此而已”的体会,不可能再有参观前的那种憧憬和向往。那些居住在庐山脚下的农民,山上景区的清洁工,还有那些每日往山上运送食品的担夫,他们会像游客那样兴奋吗? 所以说,“庐山烟雨”还是庐山烟雨,“浙江潮”还是浙江潮,一如既往,自古而然。我们从这首诗的背景来看,第一,苏轼一生仕途坎坷,命运多舛,多次被贬,甚至到过荒无人烟的海南岛,政敌们欲置之死地而后快的用心是一般人难以承受的,他为了排遣苦闷,寻找求生之路,于是便“据于儒,依于道,逃于禅”,在道禅的清净环境里滋润他的生命。第二,苏过是初入仕途,对于未来美好前程的向往是孜孜以求、喜不自禁的,就像没有到过庐山,也不曾看过浙江潮的游客一样,有一种兴奋不已、勇于攀登的躁动心情。苏轼毕竟是从官场的残酷斗争中挣扎着活下来的失败者，对于仕途之险恶他有着非常清醒而深刻的认识。所以他用这首诗来给儿子指点迷津，开悟启智，用心可谓良苦。诗不难理解，但要想深中肯綮也非易事。诗的难点在于第一句和第四句是相同的，为什么要这样写呢？我的理解是，第一句是写了两处美景，是美好的象征（暗喻功名利禄），也是两个美好的意象。既然是意象就必然要景中含意，这个“意”就是指苏过出任中山府通判这件事。在封建社会里，读书就是为了做官，只有做官才可以实现“治国平天下”的理想抱负。那么苏轼为什么没有教育儿子“居庙堂之高，则忧其民，处江湖之远，则忧其君”，而只是说了一句“到得还来别无事”？因为禅宗认为“色即是空，空即是色”，世上万物皆是因缘所生，刹那生灭。意思是说，一切美景都是空幻不实的，是“假有”，是“空”。就像“雪泥鸿爪”一样，若清风日朗，雪消泥融，“鸿爪”之迹也就不复存在了。由此可知，“庐山烟雨”“浙江潮”也会像官场一样，祸福相依变化无穷，刹那生灭一切皆空。陶渊明说“人生似幻化，终当归空无”（《归园田居》其四），陆游也认为“死去元知万事空”（《示儿》），这些参透生死的贤达，都是“人生如寄”的悟者。苏轼是一个参破人情物理、洞明世事的近禅诗人。禅宗主张参禅者应当无欲、无念、无我、无是非、无取舍……无贪欲之心，无名利之想，这样就不会产生烦恼。像平常人那样，“平常无事，屙屎送尿，著衣吃饭，困来即卧”（《古尊宿语录》），也即禅宗的“平常心是道”，平常人的日常生活就是“道”的显现，不必向外刻意追求身外之物，使心灵陷入迷愚。做人要像布袋和尚那样，“放下布袋，何等自在”。苏轼所说的“到得还来别无事”，意即“美景”看过了就把它“放下”，不必记挂于心，好像“无事”一样，心无挂碍，方可清静，清静则可进入涅槃境界。因为“饥来吃饭，困来睡觉”才是生活的本真，苏轼希望儿子能参破

“庐山烟雨浙江潮”（第一句）这个官场的“迷境”，进入“庐山烟雨浙江潮”（第四句）这个“平常心是道”的禅境中来。苏轼不把道理说破，正是禅宗教义的“顿悟自性”不可言说的表现。清代黄子云《野鸿诗的》曰：“诗有禅理，不可道破，个中消息，学者当自领悟。一经笔舌，不触则背诗可注而不可解者，以此也。”

跋

意象是一个美学概念，自古至今用法各异，以致造成了使用上的泛化现象。目前学术界的专家们纷纷发表自己的看法，这对于意象的深入探讨大有裨益。笔者深知学力浅薄，绠短汲深，不是探珠之才，然而"非曰能之，愿学焉"（《论语》）。好在我在北大进修时，曾就这一问题专门拜访了美学大师宗白华先生，经先生点拨，胜解开悟，获益匪浅。后来又听了袁行霈教授、张少康教授的文论专题课，于是兴趣使然，使我逐渐走进了"意象"的艺术园地。

我之所以选择意象这个题目来写，一是资料有所积累，二是我在北大进修时，我的导师季镇淮先生曾指导我"写论文选题要小，开掘要深"，于是斟酌再三，我就选择了意象。殊不知这个看上去题目很小的"意象"，竟是一个模糊多义又深不可测的大课题。诸凡艺术领域内的各个门类都涉及意象问题，尤其困难的是，有些领域于我则是"一窍不通"的，我需从零开始。比如音乐艺术，在古代，声、音、乐三个概念是不同的，关于唱腔中"声中无字，字中有声"的问题，也是经查证沈括的《梦溪笔谈》卷五的"乐律"才弄明白。甚至对于白居易《琵琶行》中的"此时无声胜有声"其奥妙何在也是似懂非懂。为什么西方音乐家约翰·凯奇会创作一首名震世界的《4′33″》？据说这首"乐曲"连一个音也没有弹，演奏家只是在钢琴前坐够 4 分 33 秒，然后鞠躬谢幕。这种"奥理冥造"的艺术真谛，对于一个"没有音乐耳朵”的门外汉来说，真不啻“聋子听戏”。然而，既然“络马首，穿牛鼻”（庄子语），已经套车驾辕，我也只好负重前行。所幸先圣时贤已经有了许多可喜的研究成果，可供参考，使我少走了许多弯路。在此，我必须向他们表示由衷的感谢。

“屋漏偏逢连夜雨”，“新冠”疫情和水涝灾害又给我的写作带来诸多不便，然而在许多老朋友、老同学的热情鼓励下，“老牛亦解韶光贵，不待扬鞭自奋蹄”，历三年之久，钩章棘句，终于裒辑成书。由于学力浅薄，错误在所难免，尤其是举例多有重复，敬希读者谅解。王维诗曰：“闭户著书多岁月，种松皆作老龙鳞。”不亦唏嘘欤！

河南人民出版社副总编杨光女士学识深厚，识力独到，对于她的鼎力相助，我深表敬佩。责编张岩同志，不辞辛苦，精心编排，令人铭感不已。出版部李文贤老师对于这本书的出版，可谓用力最勤，他的敬业精神和乐于助人的操守，也使我敬佩。

著名书法家、河南省书协副主席米闹先生在百忙之中为这本小书题签，壮色增辉。在此，谨表谢忱。

2023 年 3 月 31 日　于新乡